すぐに役立つ　最新

図解とQ&Aでわかる
個人開業・青色申告のしくみと手続きマニュアル

公認会計士・税理士
武田 守 [監修]

三修社

本書に関するお問い合わせについて

　本書の記述の正誤に関するお問い合わせにつきましては、お手数ですが、小社あてに郵便・ファックス・メールでお願いします。大変恐縮ですが、お電話でのお問い合わせはお受けしておりません。内容によっては、お問い合わせをお受けしてから回答をご送付するまでに1週間から2週間程度を要する場合があります。

　なお、本書でとりあげていない事項についてのご質問、個別の案件についてのご相談、監修者紹介の可否については回答をさせていただくことができません。あらかじめご了承ください。

はじめに

　現在、アフターコロナといわれるようになってから月日が経過し、物価高、株価高、円安など、経済環境は大きく変化していきました。また、少子高齢化に伴い日本の労働者人口が徐々に減り、構造的・慢性的な人手不足となっており、一人当たりの経済に対する貢献度は高まっていると思われるものの、物価高に対する全体的な賃金・給料の上昇は伴っていないともいわれており、理想と現状との間では大きなミスマッチが生じているのかと思われます。

　このような中で、会社などを取り巻く産業界では、働き方の多様化がより一段と促進され、サラリーマンも本業の会社勤務の傍らで副業を行うなど、お金の稼ぎ方の多様化が進んでいっています。また、個人事業では、昨今、「インフルエンサー」といわれるような、インターネットやSNSなどを通じての情報発信を柱として事業収入を得るという、新しいビジネスもどんどんと浸透していっています。

　本書は、個人で事業を行う、あるいはこれから行おうと考えている方々を対象にした入門書です。個人開業をするための各種の届出、青色申告書、会計や所得税を中心とした税務の知識、所得税の確定申告書の書き方などを説明しています。さらに、インボイスや電子帳簿保存法などの、最近の実務上の話題となっている制度についても触れています。

　また、すべての項目において質問に対する回答（Q&A）の形式で書かれているのが特徴で、気になった箇所をピックアップして、そこから読むことが可能となっています。

　本書をご活用いただき、皆様のお役に立てていただければ監修者として幸いです。

監修者　公認会計士・税理士　武田　守

Contents

はじめに

第1章　青色申告をはじめよう！

1　個人で開業することを検討していますが、どんなことに注意すべきでしょうか。　10

2　青色申告とはどんな制度なのでしょうか。　12

3　簡単な帳簿管理方法について教えてください。　14

4　経費を勘定科目に当てはめようとしても、うまくいきません。うまく科目に当てはまらない場合はどうしたらよいのでしょうか。　19

5　似たような科目があってどちらに入れるべきなのか迷っています。このような場合はどうしたらよいのでしょうか。　20

6　経費と領収書の関係について教えてください。　21

7　たいていの領収書は経費で落とせると聞きますが、本当でしょうか。　23

8　青色申告はどんな人を対象にしているのでしょうか。　24

9　青色申告による所得税計算上のメリットについて教えてください。　29

10　青色申告における節税ポイントについて教えてください。　30

11　青色専従者給与を必要経費に算入できるのでしょうか。　32

12　引当金の設定方法について教えてください。　33

13　棚卸資産の評価方法に低価法を適用することはできるのでしょうか。　34

14　特別償却などの特例の適用方法について教えてください。　35

15　赤字を繰り越すにはどのような方法がありますか。　36

16　現金主義による所得計算について教えてください。　37

17　どのような場合に青色申告特別控除を適用できるのでしょうか。　38

18　個人事業主です。家族については給与を出せると聞いたのですが、事業主自身には給与を出せないのでしょうか。　39

19　開業するとしたら、税金対策上は、いきなり法人化したほうがよいのでしょうか。それとも個人事業主のほうが得なのでしょうか。　41

20　青色申告の記帳義務について教えてください。　43

第2章　帳簿記載・電子帳簿保存法と簿記のしくみ

1　帳簿をつけなければ青色申告の特典を利用できないから帳簿をつ

けるのでしょうか。それとも青色申告決算書を作成するために帳簿をつけるのでしょうか。 46

2 会計帳簿について教えてください。 48

3 総勘定元帳と補助簿の役割について教えてください。 50

4 取引記録の保存方法について教えてください。 53

5 電子帳簿保存法とはどんなことを定めた法律なのでしょうか。 55

6 電子帳簿保存法の３つの制度について教えてください。 58

7 電子帳簿にはどんな問題点があるのでしょうか。 61

8 タイムスタンプは、どのような要件を満たす必要があるのでしょうか。 63

9 電子取引で、電子メールでやりとりしている場合にはどのように保存すればよいのでしょうか。 64

10 請求書や領収書等を電子的にデータで受け取った場合、どのように保存をするのでしょうか。 65

11 従業員が会社の経費等を立て替えて領収書を電子データで受領した場合にはどんなことに注意したらよいでしょうか。 67

12 会計ソフトといっても、多くの種類の会計ソフトが販売されており、価格もさまざまです。どんな会計ソフトを利用するのがよいのでしょうか。 68

13 現金出納帳と預金出納帳の機能を利用して取引を入力する方法を教えてください。 70

14 簿記と仕訳の全体像について教えてください。 73

15 単式簿記とはどのようなものなのでしょうか。 75

16 複式簿記について教えてください。 78

17 勘定科目はどのようなものなのでしょうか。 81

18 資産・負債・収益・費用と仕訳の関係について教えてください。 90

19 伝票や証憑書類の扱いはどうすればよいのでしょうか。 93

20 領収書を受け取ることができない場合にはどうしたらよいでしょうか。 95

21 少額の交通費を経費として処理するにはどうしたらよいのでしょうか。 96

22 伝票を使用した仕訳の仕方について教えてください。 97

23 「簡易帳簿」で記帳した場合では青色申告特別控除を受けることができないのでしょうか。 100

24 通帳の管理の仕方について教えてください。 102

25 書類の作成と保管方法について教えてください。 104

26	帳簿作成上どんなことに注意したらよいでしょうか。	108
27	現金出納帳の作成ポイントを教えてください。	112
28	売掛帳の作成ポイントを教えてください。	115
29	買掛帳の作成ポイントを教えてください。	117
30	経費帳の作成ポイントを教えてください。	119
31	固定資産台帳の作成ポイントを教えてください。	122
32	債権債務等記入帳の作成ポイントを教えてください。	124
33	既存事業者ですが、記帳開始時期について教えてください。青色申告が適用されるには、いつまでに届け出ればよいのでしょうか。	127

第3章　青色申告制度の活用法

1	専従者給与の活用法を教えてください。	130
2	複式簿記で記帳するとどのような優遇措置・特典があるのでしょうか。	133
3	必要経費となる家事関連費用について教えてください。	134
4	棚卸資産の評価方法における優遇措置について教えてください。	136
5	減価償却とはどのようなものなのでしょうか。	138
6	定額法と定率法について教えてください。	141
7	少額資産の取扱いや償却方法について教えてください。	143
8	中古・中途購入資産の減価償却計算の特例について教えてください。	145
9	固定資産はなぜ減価償却をするのでしょうか。一度に費用計上できる場合もあるのでしょうか。	147
10	大修繕が減価償却の対象になると聞いたのですが、業務用エアコンの修繕は減価償却の対象になるのでしょうか。	149
11	税額控除によって税負担そのものが軽くなるのでしょうか。	150
12	特別償却と税額控除の両方の制度を利用できる場合、どちらの制度を選択して適用するとよいのでしょうか。	151
13	「純損失の繰越控除」とはどのような制度なのでしょうか。	154
Column	青色申告会の活用メリットとデメリット	156

第4章　個人事業主と消費税・インボイス制度

| 1 | 消費税が課される取引と課されない取引があるとのことですが、どのように違うのでしょうか。 | 158 |

2 課税取引といえるためにはどのような要件を充たす必要があるのでしょうか。　160

3 非課税取引とはどのような取引なのでしょうか。　162

4 開業して１年の個人事業主（免税事業者）です。課税売上 1,000万円以下の場合には取引先には消費税を請求できますか。　164

5 インボイス制度について教えてください。　165

　　書式　適格請求書発行事業者の登録申請書（国内事業者用）　169

6 簡易課税制度とはどんなしくみになっているのでしょうか。　171

7 消費税の申告・納付について教えてください。　174

第5章　決算と青色申告決算書作成の仕方

1 青色申告と決算の関係について教えてください。　178

2 決算はどのように行うのでしょうか。　181

3 収入金額はどのように算出したらよいのでしょうか。　183

4 売上高・仕入高の計上時期について教えてください。　185

5 棚卸資産の評価方法と売上原価の算出方法を教えてください。　188

6 自家消費額の評価方法について教えてください。　193

7 必要経費として計上できる経費とできない経費にはどこに違いがあるのでしょうか。　195

8 主な必要経費の内容と留意点について教えてください。　198

9 妻と２人でデザイン事務所をやっていますが、家族旅行やスポーツクラブの会費、映画鑑賞は、福利厚生費として処理できるのでしょうか。　202

10 福利厚生費はどこまで入るのでしょうか。仕事を手伝っている妻と従業員抜きで食事に行ったようなものも福利厚生費にあたるのでしょうか。　204

11 個人事業主の場合、交際費に上限がないと聞いたのですが、節税目的で有効に活用できるのでしょうか。　205

12 青色専従者給与、給料賃金についての内訳表を作成する際のポイントを教えてください。　206

13 家事用支出と事業用支出はどのように区別したらよいのでしょうか。　208

14 個人事業主がマイカーを仕事で使用した場合、ガソリン代や自動車保険などの費用はすべて経費になると考えてよいでしょうか。　211

15	固定資産台帳の記帳の仕方を教えてください。	212
16	帳簿を締め切り集計するまでにはどんなことをしなければならないのでしょうか。	215
17	決算準備表の作成方法について教えてください。	217
18	貸借対照表の作成ポイントを教えてください。	219

Column　事業所得と雑所得の区分　222

第6章　開業するときの手続きと書式

開業するときの税金関係の届出　224

個人で開業する場合の届出　224、従業員を雇用する場合　225、青色申告承認申請書の提出　226、その他の届出　227

書式　個人事業の開廃業等届出書	228
書式　青色事業専従者給与に関する届出書	229
書式　給与支払事務所等の開設届出書	230
書式　事業開始等申告書	231
書式　青色申告承認申請書	232

事務所を移転するときの税金関係の届出　233

提出しなければならない書類　233、青色申告の場合はどうなる　234

個人事業主を廃業するときの手続き　235

必要な届出　235、確定申告や事業税の見込み控除、廃業後の弁済義務について　236

第7章　確定申告のしくみと申告書の書き方

確定申告のしくみと手続き　238

どんな制度なのか　238、申告書の作成に必要な書類を集める　238

申告納税額の計算の手順　240

所得税の計算方法　240

申告書の書き方と提出方法　243

申告書作成のポイント　243、第二表の作成方法　243、第一表の作成方法　244、申告書の提出と納付・還付の方法　246

所得控除　247

所得控除とは　247、所得金額調整控除とは　253

書式　所得税確定申告書B（第一表）	254
書式　所得税確定申告書B（第二表）	255

第1章

青色申告をはじめよう！

個人で開業することを検討していますが、どんなことに注意すべきでしょうか。

先入観にとらわれず、それぞれの形態のメリットを冷静に見極め、自分の状況にあった選択をすることが大切です。

　事業をはじめる際には事業計画、収支計画、資金繰りなど、さまざまなことを検討しなければなりません。事業開始にあたり重要な問題になるのが個人で事業を行うのか、それとも株式会社や合同会社などの法人を設立して事業を行うのかという点です。個人事業の開業には、以下に挙げるようなメリットがあります。

① **開業の手続きが簡単**

　たとえば、株式会社を設立する場合、税務署等への届出書を提出する前に、会社の設立登記のため法務局に登記申請書類を提出し、審査を受ける必要があります。そのためには「定款」「払込証明書」「就任承諾書」などの専門的な書類を作成し、「定款」については公証役場で認証を受ける必要があります。これらの手続きには税金や認証手数料等に約25万円程度かかります。専門家に手続きを依頼すればさらに報酬を支払うことになります。

　一方、個人が開業する場合、株式会社のような登記は必要ありません。本人のみで開業するときは税務署に「個人事業の開廃業等届出書」、都道府県の税事務所と市区町村役場に「事業開始等申告書」を提出するだけです。また、これらの書類の提出には税金や手数料などの費用はかかりません。

② 開業後の手続きが簡単

　株式会社の場合、厳密な方法である「複式簿記」による経理が要求されていますが、個人事業の場合はより簡単な方法を選択することができます。また、株式会社の場合、役員の任期満了時や重要な事項を決定する場合には株主総会等の決議が必要になります（議事録の作成が必要になり、役員についてはさらに登記が必要です）が、個人事業の場合には必要ありません。

③ 小規模な場合にはコスト面で有利

　株式会社の場合、赤字であっても毎年支払う必要がある住民税の均等割は7万円（資本金の額が1,000万円以下、かつ従業員数が50人以下の場合）ですが、個人事業の場合は5,000円程度です。

　また、個人事業の場合、税務署に青色申告申請すると青色申告特別控除額（10万円、55万円または65万円）が認められる部分には税金がかかりませんが、株式会社が青色申告を申請してもそのような控除はありません。

　社会保険（健康保険、厚生年金）についても、株式会社は社会保険の加入が強制されるので、会社が従業員の社会保険料の半額を負担します。一方、一定の小規模な個人事業では従業員の社会保険の加入が強制されないので、経営者が従業員の社会保険料の半額を負担することはありません（各自が国民健康保険、国民年金に加入します）。

●個人開業する場合の注意事項

　個人事業の場合、事業主は取引相手（債権者）に対して無限の責任を負います。一方、株式会社の場合、株主は、出資した額以外に債権者に対して責任を負うことはありません。また、一般的には個人事業よりも株式会社のほうが対外的な信用もあるため、金融機関からの融資も受けやすくなります。

青色申告とはどんな制度なのでしょうか。

さまざまな税法上の優遇措置が設けられています。

　会社員や公務員であれば、それぞれの勤務先で「年末調整」をしてもらえるため、税金についての知識がなくても納める税金（所得税）を計算してもらうことができます。これに対して、個人商店を営んでいる自営業者やアパートなどの貸室を他人に貸して収入を得ている大家さん（賃貸人）などは、納める税金を自分で計算して申告・納付しなければなりません。

　このように納める税金を自分で計算し、納付する制度を「申告納税制度」といいます。わが国の所得税は、所得税法という法律の規定に従って、税金を納めるべき者が自分で所得を計算し、納める税金の額（納税額）を申告するシステムを採用しています。申告納税制度の実際の手続きは、毎年2月16日から3月15日までの間に前年の所得についての「確定申告書」を作成し、税務署に提出（申告）することによって行います。また、確定申告した税金を納付する期限も、申告期限と同じ3月15日までとされています。

　納税者自身が自ら納税額を計算する「申告納税制度」が納税者の権利を保護する出発点であるともいえるのです。

●青色申告と白色申告の違いをおさえる

　所得税法の定めに従って自分の税額を計算し、税務署に申告・納付することを「確定申告」といいます。確定申告を行う場合に

税額の計算過程などを記載する書面のことを確定申告書といいます。以前の確定申告書には、白色の書面に文字が印刷された申告書と青色の書面に文字が印刷された申告書の2種類がありました。この2種類の申告書は単に色が違うのではなく、申告上の制度の違いによって厳密に区別されていました。白色の申告書を使って申告することを「白色申告」、青色の申告書を使って申告することを「青色申告」とそれぞれ呼んでいました。

しかし、現在では申告書が変更され、青色申告も白色申告も同一の様式を使用することになりました。青色申告の場合、申告書の上のほうの「種類」欄の「青色」に○印をつけることで区別することになります。

年末調整によって所得税の税額の計算・納付が終了している会社員でも、一定の場合には確定申告を行います。この場合に行う申告は原則として白色申告です。これに対して、自営業者や副業などのように自分で商売を行っている人で、税務署に所定の申請書（224、232ページ）を提出した人が青色申告をすることになります。青色申告の場合は、帳簿の作成などにおいて白色申告よりも厳しい条件が課されています。その分所得税法上、さまざまな優遇措置が設けられており、その点で白色申告よりもメリットがあるといえます。つまり、青色申告は特別な制度なのです。

■ 青色申告と白色申告の違い

会社が年末調整をして完了	自分で計算して申告
青色申告	**白色申告**
○ 帳簿の作成に厳しい条件 ○ 所得税法上の優遇措置あり 　➡ 節税	○ 帳簿の作成は複式簿記でなくてよい ○ 所得税法上の優遇措置なし

第1章 ● 青色申告をはじめよう！　13

簡単な帳簿管理方法について教えてください。

領収書や通帳に基づいて集計します。

　青色申告を選択し、かつ、複式簿記で記帳し、その他一定の要件を満たすと、確定申告の際に65万円の特別控除が受けられるという税制上の特典があります。このような特典が用意されているのであれば、「頑張って複式簿記を勉強して帳簿をつけたほうが節税になるのではないか」と思う人もいるかもしれません。

　しかし、65万円の特別控除を受けられるのは、あくまでも所得が65万円以上発生している場合です。つまり、赤字になってしまっている場合や利益が少ない場合は、いくら記帳に苦労してもその恩恵を十分に受けられないのです。

　このようなことをふまえると、必ずしも複式簿記により記帳することだけが、事業にとってプラスとなるとはいえないことがわかると思います。複式簿記により記帳することの労力やコストと、それにより享受できる恩恵をよく比べてみましょう。複式簿記を行うにしては費用対効果が悪いと判断するのであれば、青色申告でも簡易簿記で記帳したり（この場合の特別控除は10万円です）、白色申告を選択するという方法もあるのです。

●どんな流れで行うか

　白色申告を選択したとしても、すべての白色申告書に対して全く記帳が不要になるというわけではありません。事業所得、不動

産所得または山林所得を有する白色申告者には、帳簿の記帳と保存が義務付けられています。ただし、青色申告者と比べれば必須とされている帳簿の数は少なく、記帳方法も複式簿記より簡易的な簡易簿記によって行います。

　青色申告と白色申告、どちらを選択しても、前述した一定の所得を有する者はある程度の記帳は必要になります。そして、その基本となるのが売上や必要経費の記帳なのです。これらをきちんと把握できなければ、その年の儲けがいくらなのか、ひいては税金がいくらになるのかを計算することができません。

　では、売上や必要経費を記帳するためには、実際にどのような準備や作業が必要になるのかを見ていきましょう。

　まず、どの程度の売上が上がったか把握するための書類を準備しましょう。通常は預金口座に売上金額が振り込まれていると思います。そのため、通帳を見ればどの程度の売上が上がっているかを把握することができます。もし、売上の代金を現金により受け取っている場合は、領収書控えなどにより金額や売上時期を把握します。このため、通帳だけでなく、領収書控えや請求書控えといった証憑もきちんと残しておく習慣をつけておきましょう。これらの売上の根拠となる書類をもとにして、1年間の売上を集計します。

　次に、どの程度の必要経費が発生したかを集計します。必要経費は、売上を上げるために必要となった費用のことです。必要経費の支出内容を把握するためには、その支出に際して受け取った領収書を集めます。

　必要経費に含める費用は、事業に関連して支出したものに限られます。そのため、領収書を集める際は、事業と関係なく支出した領収書を必要経費に含めないように注意する必要があります。こうして集まった領収書の支出金額を集計し、その年の必要経費を集計します。

第1章 ● 青色申告をはじめよう！　　15

ここまでで、売上と必要経費の集計方法を説明してきました。最後に、この1年間の儲けを計算します。儲けは、ここまでで集計してきた売上合計から必要経費合計を控除することで算出されます。

●領収書を分類する

　必要経費を集計するために領収書を集める必要があるということは、前述した通りです。ここでは、集めた領収書を分類する際に注意すべきポイントについて見ていきます。

　領収書をもとにして会計ソフトに入力する際、それぞれの支出がどの勘定科目に該当するのかが重要になってきます。そのため、領収書を勘定科目ごとに分類するという作業が必要になってきます。

　まず、領収書の束から、銀行振込あるいは自動振替により支払ったものを別に区分しておきます。このように区分すると残りの領収書は、現金により支払ったものが残るはずです。基本的に、必要経費の記帳をする際は、現金支払いの経費は領収書に基づいて、銀行振込や自動振替により支払った経費は通帳に基づいて行います。そのため、現金支払いと、銀行振込および自動振替の領収書が混ざった状態になっていると、必要経費を二重に記帳してしまう恐れがあるのです。

　領収書を現金支払いのものとそれ以外のものとで分類した後、いよいよ勘定科目ごとに領収書を分類していきます。いきなり勘定科目ごとに分類してもよいのですが、慣れていない人はまずはざっくり4つのグループに分けていきましょう。個人事業主の場合は、必要経費についてそれほど多くの勘定科目を必要としないことが多いようです。そのため、必要経費の中でも特に割合が大きいと考えられる@交通費、ⓑ購入費、ⓒ飲食費そして、ⓓこれらのどれにも当てはまらない費用に分けていきます。これらのグループに分類された必要経費は、それぞれ「旅費交通費」「消耗品費」「接待交際費」という勘定科目に該当することになります。

どれにも当てはまらなかった領収書については、そのつど該当する勘定科目を確認していきましょう。

　領収書を分類する作業の際に注意すべきことは、「事業と関係のない領収書を省く」ということです。この点は領収書を集める際の注意点としても説明しましたが、分類していく過程においてもプライベートでの飲食費や生活費などが混ざっていないかよく注意して見ておくようにしましょう。

●**通帳への書き込みに工夫する**

　通帳は、売上や必要経費を集計するのに必要な書類です。この通帳に一工夫加えるだけで、便利な帳簿とすることができ、経理作業の手間を減らすことができるのです。なお、通帳での作業を行う際は、書き損じても大丈夫なようにコピーをとって行うことをお勧めします。

　まず、通帳から売上を把握してみましょう。売上は通帳の入金欄に表れます。売上による入金にマーカーなどを引いておけば、すぐに売上であるということがわかり、集計する際にも便利です。また、請求書控えとあわせて見ることでどの入金が何月分の売上に該当するかがわかりますので、何月分にあたるかも書き込んでおきましょう。ここでチェックした売上を合計すれば、その年の売上金額を把握することができます。もし、現金で受け取った売上代金がある場合は、売上の集計の際にそれらを加えることを忘れないようにしましょう。現金で受け取った売上代金を預金口座に入金してしまうことで、通帳で集計できるようにするのも一つの手です。

　次に、必要経費を見ていきましょう。銀行振込や自動振替により支払いを行っている場合は、通帳の出金欄で把握することができます。月末ごとにラインを引いて区切れば、毎月発生している支出なども把握することができます。家賃、電話代、水道光熱費などの支出ごとに色を分けてマーカーを引いておくと、後で集計

第1章 ● 青色申告をはじめよう！　　17

する際にとても便利です。

　このように通帳を帳簿化するにあたり、事業用とプライベート用の通帳を分けておくことをお勧めします。どちらも同じ通帳になってしまっていると、プライベートでの入金や支払いを分ける作業が必要になり、かえって手間がかかってしまうからです。

●後は集計するだけ

　ここまでで、領収書や通帳をもとにして売上や必要経費を把握する方法を説明してきました。確定申告の際は、1年間の事業活動により生じた売上と必要経費の合計を記載し、それらの金額をもとに税金を計算していきます。ここまで説明したように領収書や通帳の整理をしておけば、後はパソコンや電卓などで1年間の売上や必要経費を合計するだけです。

■ 通帳の活用

年月日	備考	お支払金額	お預かり金額	差引残高	
○××	・・・・・		300,000	450,000	
×××	・・・	20,000		430,000	
×××	・・・	30,000		400,000	
×××	○×商事4月分		150,000	550,000	※売上
×××	・・・	10,000	☆経費	540,000	（マーカーで色分け）
×××	・・・	50,000	☆経費	490,000	
×××	・・・	350,000	☆仕入	140,000	
×××	・・・・		500,000	640,000	※売上
×××	・・・		10,000	650,000	※売上
×××	・・・	20,000	☆経費	630,000	
△××	・・・	・・・	・・・	・・・	
△××	・・・	・・・	・・・	・・・	

（★コピーを取る）
★請求書等と金額を照合し、内容を書き込んでおく

○×商事
請求書
4月分

★月末ごとにラインで区切っておく

注意点　★事業用とプライベートの通帳は分けておくこと
　　　　★現金で受け取った売上代金はすぐに預け入れておくとよい

経費を勘定科目に当てはめようとしても、うまくいきません。うまく科目に当てはまらない場合はどうしたらよいのでしょうか。

少額の場合は「雑費」でかまいませんが、独自に名称を作って新しい科目を設定してもかまいません。

　勘定科目の割り振り方については、実は厳密な決まりごとはありません。ただし一般的によく使われている科目名というものはあります。読みやすい決算書にするためには、できるだけ一般的な科目に当てはめるほうがよいといえます。どうしてもうまく当てはまらない場合は、どの科目にも該当しないものということで「雑費」に分類するとよいでしょう。

　一般的な科目に当てはまらない場合ですが、独自に名称を作って新しい科目を設定してもかまいません。しかし、あまりにも細かく分けてしまうと、作業も煩雑になりますし、内容もかえってわかりにくいものになってしまいます。新しい科目を作る場合は、ある程度の金額を占めるような経費に限ったほうがよいでしょう。反対に、1つの勘定科目が多くの割合を占め、バランスが悪いようなときは、あえて新しい科目を設定し、分割したほうがわかりやすくなる場合もあります。22ページ図は一般的な経費科目の具体例です。まずはこれらの科目に当てはまるかどうか検討していくと、仕訳作業もスムーズに進みます。個人事業主の場合、所得税の申告をする際の収支内訳書や青色申告決算書には、これらの科目があらかじめ印刷されています。

似たような科目があってどちらに入れるべきなのか迷っています。このような場合はどうしたらよいのでしょうか。

厳密なルールはないため、費用かどうかを正しく判断できていれば、内容が客観的に判断できるような科目でかまいません。

　勘定科目は、「資産」「負債」「収益」「費用」という、大きく4つの性質の科目に分類されます。会社などの法人の場合、加えて「純資産」という資本金等を表す科目があります。それぞれの大きな分類の中における具体的な科目名については、実は厳密なルールはありません。つまり、まず「費用かどうか」を正しく判断できていれば、後は内容が客観的に判断できるような名称を用いればよいわけです。ただし、たとえば今年は消耗品費にしていた経費を翌年は事務用品費にするなど、使い方がバラバラではいけません。内部で一度決めた後は、一貫性を保つ必要があります。

　いくつか科目の振り分け例を挙げてみましょう。たとえば車のガソリン代です。交通費とする場合もあれば消耗品費とする場合もあります。小包などの送料についても、通信費に含める場合もありますし、荷造運賃とする場合もあります。

　一方、仕入など販売する商品の原価を構成する支出については、その他の経費とは一線を画す必要があります。これは在庫や売上原価を計算する必要があるからです。帳簿作成時においては、仕入費用や材料費など、原価の一部がその他の経費に混入していないか、注意する必要があります。

経費と領収書の関係について教えてください。

支払った事実を証明する領収書がなければ、原則として経費と認められません。

　支出の内容が事業に関係したもので、領収書のように支払った事実を証明する書類があれば、その支払いは経費として認められます。経費は確定申告における所得税の計算上、収入から差し引くことができます。この収入から経費を差し引いた結果を所得といいます。所得税は所得に対してかかりますから、経費の管理が非常に大切なのは言うまでもありません。

　もし領収書を紛失してしまうと、事業に関係した経費の支払であっても、その支出を証明する物的な証拠がないため、税務署から経費として認めてもらえないことになってしまうかもしれません。

　また、個人事業主にありがちなのが、領収書をひとまとめにして保管し、後でまとめて経費の集計をするケースです。このような場合、確定申告の際などに経費を集計しようとしても、どれがどのような目的で支出したものかわからなくなってしまいます。これではせっかく経費として落とすことができたはずの支出も経費にできず、結果としてよけいな税金を払わざるをえなくなってしまいます。領収書の管理は非常に大切です。こまめに経費の集計ができない場合には、領収書の裏に支出した目的などをメモしておきましょう。

■ 一般的な経費科目の具体例 ･･････････････････････････････････

租税公課	固定資産税、自動車税、印紙税などの税金、同業者組合、商店会などの会費や組合費
荷造運賃	商品の梱包材料費や運送費
水道光熱費	水道、電気、ガス、灯油などの購入費
旅費交通費	電車、タクシーなどの代金や出張の宿泊費など
通信費	切手代、電話代、インターネット使用料など
広告宣伝費	新聞や雑誌の広告料、陳列装飾等の費用、カレンダーなどの名称印刷代
接待交際費	得意先との飲食費、中元、歳暮などの贈答品など
損害保険料	火災保険料、自動車の損害保険料など
修繕費	店舗や乗用車などの修理にかかった費用
消耗品費	短期間で消費する少額物品の購入費、文具、ガソリン、日用品など
減価償却費	建物や機械、車など固定資産の償却費
福利厚生費	従業員のために支出した飲食や慶弔の費用
給料賃金	給料、賃金、退職金の他、食費や住居など現物支給など
外注費	加工賃など外部へ注文したことによる支出
支払利息	事業用資金の借入利息
地代家賃	事務所や店舗の家賃など
雑費	事業を行う上で発生した費用で、少額かつ上記などの設定した科目のいずれにも当てはまらないもの

たいていの領収書は経費で落とせると聞きますが、本当でしょうか。

経費として認められるものは事業に関係したものでなければいけません。

　経費とは事業活動によって収入を得るために支出した費用です。経費として認められるためには、一般的に次の3つを満たすことが重要です。①事業に関係がある支出であること、②支出を証明できる物的証拠があること、③常識の範囲内での支出であること、です。領収書とはまさに②のことです。しかし、その支出が事業に関係のない支出であった場合は経費にはなりません。

　また、事業に関係していても、常識的に考えてあまりにも高額な支出である場合は、経費としては認められません。経費として認められるためにもっとも重要なものは、①の事業に関係した支出であるということです。しかし、事業に関連しているかどうかの判断基準は、事業主の考え方ひとつでも異なってしまうため、明確な線引きができません。

　そこでポイントとなるのは、客観的に見てその支出が事業と関係しているかどうかです。客観的に見て事業との関係性が乏しい支出を、領収書があるからといって経費で落としても、税務署を納得させうるほど、事業との関連性を証明することはできないでしょう。領収書は支出したという事実だけを裏付ける資料のひとつに過ぎないのです。

第1章 ● 青色申告をはじめよう！　23

青色申告はどんな人を対象にしているのでしょうか。

不動産所得、事業所得、山林所得がある人が対象となります。

　収入から経費などを差し引いたものが所得です。所得税法では、所得を①利子所得、②配当所得、③不動産所得、④事業所得、⑤給与所得、⑥退職所得、⑦山林所得、⑧譲渡所得、⑨一時所得、⑩雑所得、の10種類に区分しています。これらの所得のうち青色申告の対象となるのは、③不動産所得、④事業所得、⑦山林所得の３種類に限られます。

　10種類の所得の内容と計算方法について、簡単に確認しておきましょう（所得税額の算定方法については、240ページ参照）。

① 利子所得

　利子所得とは、ⓐ公社債の利子、ⓑ預貯金の利子、ⓒ合同運用信託の収益の分配金、ⓓ公社債投資信託の収益の分配金、ⓔ公募公社債等運用投資信託の収益の分配金による所得です。

　利子所得の金額は、その年中に確定した利子等の収入金額の合計額です。利子所得には必要経費がありませんので、利子などの収入金額（源泉徴収される前の金額）が、そのまま利子所得の金額になります。

② 配当所得

　配当所得とは、株式などの配当による所得です。配当所得の金額は、その年中に確定した配当等の収入金額の合計額から元本所

有期間に対応する負債利子（株式などを取得するための借入金の利子）があれば控除して計算します。配当所得の金額は、次のように計算します。

配当所得の金額＝配当所得の収入金額－負債利子

③　不動産所得

不動産所得とは、土地や建物などの賃貸に伴って発生する所得です。不動産所得の金額は、その年中に確定した収入金額から必要経費を差し引いて計算します。

不動産所得の金額＝不動産所得の収入金額－必要経費

④　事業所得

事業所得とは、商品の販売や建設工事の請負による収入、弁護士や公認会計士・税理士などの自由業の収入、医師・歯科医師などの医業収入など、事業に伴って発生する所得です。

事業所得の金額は、その年中に確定した総収入金額から必要経費を差し引いて計算します。

事業所得の金額＝事業所得の総収入金額－必要経費

⑤　給与所得

給与所得とは、役員報酬、給料、賃金、賞与など給与所得者（会社員や公務員など）が労働の対価として得る所得です。

給与所得はその年中に確定した給与などの収入金額から概算の必要経費である「給与所得控除」を差し引いて計算します。給与所得控除は、図（27ページ）のように給与収入金額に応じて計算します。なお、職務上必要とされる資格取得費用の支出や単身赴任者の帰宅旅費などの支出（特定支出）が給与所得控除額の2分の1を上回る場合は、その上回る部分の金額を給与所得控除後の所得金額から差し引いて計算してもよいことになっていますが、ほとんど利用されていないのが実情です。

給与所得の金額＝給与所得の収入金額－給与所得控除

第1章 ● 青色申告をはじめよう！　25

⑥　退職所得

　退職所得とは、退職に伴って会社などから受領する退職金や一時恩給などの所得です。また、社会保険制度などにより退職に伴って支給される一時金、適格退職年金契約に基づいて生命保険会社または信託会社から受ける退職一時金なども退職所得とみなされます。

　退職所得は、その年中に確定した退職金等の収入金額から「退職所得控除」を差し引いて、その額に２分の１を乗じて計算します。ただし、役員等勤続年数が５年以下である役員（特定役員等）が支払を受ける退職金のうち、その役員等勤続年数に対応する退職金として支払を受けるものについては、収入金額から退職所得控除額を差し引いた額が退職所得となり、２分の１を乗じません。また、特定役員等でなくても、勤続年数が５年以下の短期退職金について300万円を超える分に関しても、２分の１を乗じません。

退職所得の金額＝（退職金等の収入金額－退職所得控除額）×1/2

　なお、退職所得控除額は、勤続年数によって、図（次ページ）のように計算します。

⑦　山林所得

　山林所得とは、山林を伐採して譲渡または立木のままで譲渡することによって生ずる所得です。ただ、山林を取得してから５年以内に伐採したり譲渡したような場合は、事業所得または雑所得になります。また、山林を山ごと譲渡する場合の土地の部分は、譲渡所得になります。山林所得の金額は、次のように計算します。

山林所得の金額＝総収入金額－必要経費－特別控除額（最高50万円）

　総収入金額とは、立木の譲渡の対価のことです。必要経費は、植林費などの取得費の他、下刈費などの山林の管理、維持のために必要な管理費、さらに、伐採費、搬出費、仲介手数料などの譲

渡するために必要な費用です。山林所得は、他の所得と合計せず、他の所得と異なった計算方法により税額を計算し、確定申告することになります。この計算方法は、「5分5乗方式」といわれるもので、次のように計算します。

(課税山林所得金額×1/5×税率)×5

⑧ 譲渡所得

譲渡所得とは、一般的に、土地、建物、ゴルフ会員権などの資産を譲渡することによって生ずる所得です。

ただ、事業用の商品などの棚卸資産や山林の譲渡、使用可能期

■ 給与所得控除額 ……………………………………………………………

給与等の収入金額	給与所得控除額
162.5万円以下	55万円
162.5万円超 ～ 180万円以下	給与等の収入金額×40%－10万円
180万円超 ～ 360万円以下	給与等の収入金額×30%＋8万円
360万円超 ～ 660万円以下	給与等の収入金額×20%＋44万円
660万円超 ～ 850万円以下	給与等の収入金額×10%＋110万円
850万円超	195万円（上限）

■ 退職所得にかかる税金 ……………………………………………………

退職所得 ＝ (退職金の収入金額 － 退職所得控除額)×$\frac{1}{2}$

【退職所得控除額】

勤続年数20年以下	40万円×勤続年数（80万円に満たないときは80万円）
勤続年数20年超	800万円＋70万円×（勤続年数－20年）

※1 障害退職のときは、上記控除額＋100万円
※2 勤続年数5年以下の特定役員等の役員等勤続年数に対応する部分の退職所得は、「退職所得 ＝ 退職金 － 退職所得控除額」となり1/2を掛けない。また、特定役員等でなくても、勤続年数が5年以下の短期退職金について300万円を超える分に関しても1/2を掛けない。

間が１年未満の減価償却資産や取得価額が10万円未満の減価償却資産、一括償却資産の必要経費算入の規定の適用を受けた減価償却資産（業務の性質上基本的に重要なものを除く）などの譲渡による所得は、譲渡所得にはなりません。譲渡所得は、次のように計算します。

譲渡所得の金額＝収入金額－（取得費＋譲渡費用）－特別控除額

譲渡所得は複雑ですから、所得の計算方法について詳しく知りたい場合は、税務署や税理士に相談するとよいでしょう。

⑨　一時所得

一時所得とは、営利を目的とする継続的行為から生じたものでも、労務や役務の対価でもなく、資産の譲渡等による対価でもない一時的な性質の所得です。一時所得には、ⓐ懸賞や福引きの賞金品、競馬や競輪の払戻金、ⓑ生命保険金の一時金や損害保険の満期返戻金、ⓒ法人から贈与された金品、ⓓ遺失物拾得者や埋蔵物発見者の受ける報労金、といったものがあります。一時所得は、次のように計算します。

一時所得の金額＝総収入金額－収入を得るための支出額
**　　　　　　　　　－特別控除額（最高50万円）**

⑩　雑所得

雑所得とは、年金や恩給などの公的年金など、非営業用貸金の利子、業務（副業など）に関する所得、生命保険契約等に基づく年金などのように、他の９種類の所得のどの所得にもあたらない所得です。雑所得は、次のように計算したものを合計した金額です。

ⓐ　公的年金等

収入金額 － 公的年金等控除額

ⓑ　業務に関するもの、及び公的年金等以外のもの

公的年金等以外の総収入金額 － 必要経費

青色申告による所得税計算上のメリットについて教えてください。

青色申告を選択すればさまざまな節税が可能になります。

　自営業者などの事業者の所得は、1年間（1月1日～12月31日）の収入金額からその収入を得るのにかかった費用（必要経費）を差し引いて計算します。
　収入や費用を集計する場合、日々の売上や仕入に伴う現金の動きなど、何らかの記録をもとにしなければ正確な金額は集計できません。そのため、一定の要件を満たした帳簿に記帳する必要があります。
　ただ、帳簿を記帳することや、その帳簿を保存するにはそれなりのコストや手間がかかります。そこで、「青色申告」を適用した場合に、さまざまな特典（優遇措置、30～38ページ）が与えられています。これらの特典を上手に利用すれば、税負担を軽減させることができます。
　これに対して、白色申告の場合、青色申告で認められているような優遇措置がありません。そのため、所得税の税額計算をする上では不利な申告方式だといえます。したがって、自営業者や不動産賃貸業者などのように、毎年継続して確定申告を行う人は、青色申告を選択することが節税対策にもつながるといえます。

青色申告における節税ポイントについて教えてください。

節税は、法律の範囲内で収入を少なくそして必要経費を多くする、また所得控除や税額控除を適用することで可能になります。

　事業を行っている者であれば、収入はできるだけ多くして納める税金はできるだけ少なくしたいと思うのは当然です。納める税金を少なくするためには工夫しなければなりません。しかし、法律の範囲を逸脱して、取引の事実を隠したり、書類を改ざんして税金を安くしたりする行為は、「脱税」となり、犯罪行為です。

　これに対して、法律の許す範囲内で税負担を軽減する行為を「節税」といいます。つまり、納める税金をできるだけ少なくするためには、できるだけ上手に節税を行う必要があるのです。

　節税ポイントを検討するにあたり、所得税の計算過程を以下の3つの段階に分け、①～③のそれぞれの段階ごとにどのようにすれば節税できるのかを検討します。

① 所得を計算する段階
・法律の範囲内で収入を少なくする
・法律の範囲内で必要経費を多くする
② 所得控除（247ページ）を適用して課税所得を計算する段階
・適用できる所得控除は確実に適用して課税所得を減らす
③ 税額控除を適用して所得税額を計算する段階
・適用できる税額控除（税額から直接控除できるもの、150ペー

ジ）があれば確実に適用して所得税額そのものを減らす

青色申告の制度を利用した場合、前述した①の所得を計算する段階では、白色申告では認められない支出を必要経費として処理することができます。また、③の所得税額を計算する段階でも白色申告で認められない税額控除項目が青色申告では利用することができます。

■ **青色申告のメリット**

- ・青色事業専従者給与の経費算入
- ・引当金の経費算入
- ・棚卸資産の評価方法について低価法の採用
- ・特別償却・特別控除・少額減価償却資産の経費算入など特例の適用
- ・赤字の繰り越し
- ・現金主義による所得の計算
- ・青色申告特別控除の適用

■ **青色申告特別控除**

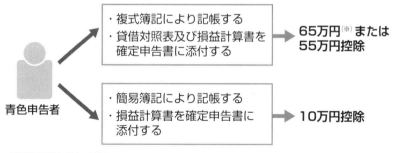

※電子化要件を満たす場合
（帳簿を一定の電子データで保存するか確定申告書を国税庁の納税システム(e-Tax)で提出した場合）

青色専従者給与を必要経費に算入できるのでしょうか。

青色申告によって確定申告を行う場合には、一定の届出を行うことで必要経費に算入することができます。

　所得税法では原則として、事業主（個人で自営業を営んでいる人）が自分の家族に対して給料を支払っても、その分の金額を必要経費とすることが認められていません。

　しかし、中には、事業主の下で他の従業員と同じように働いている家族従業員もいます。また、家族の手伝いがあってこそ自営業者は事業を継続して営んでいくことができるともいえます。

　そこで、青色申告者（青色申告によって確定申告を行っている者）で、税務署に所定の届出書（青色事業専従者給与に関する届出書）を提出した者については、届出書に記載した金額の範囲内で、家族従業員に支払った給料を青色専従者給与として必要経費計上できることにしました。青色専従者とは、青色申告者と生計を一にする配偶者その他の親族（その年の12月31日現在で年齢が15歳以上の者）として、その年を通じて6か月を超える期間、その青色申告者の営む事業に専ら従事している者です。

　なお、白色申告の場合、手伝って働いてくれている家族に対する給与を支払っても必要経費に算入することができません。わずかに事業専従者控除（配偶者86万円、15歳以上のその他の家族50万円）を受けられるにすぎません。

引当金の設定方法について教えてください。

近い将来において発生する費用や損失をあらかじめ経費として見積もって計上します。

　継続して商売などの事業を営む場合、1か月分など一定期間ごとに売上代金をまとめて受け取ったり、仕入れなどの必要経費をまとめて支払ったりするのが一般的です。このような取引を信用取引といいます。信用取引を行った場合、納めた商品の代金や提供したサービスの料金は、その時点では受け取らず、「掛け（ツケのこと）」とします。その後、当事者間であらかじめ定めた時期に「掛け」の代金を現金で受け取ることになります（金融機関などへの振込や小切手・手形によって支払われる場合もあります）。売掛金（掛けによる売上代金のこと）はお金を貸しているのと同じ状態ですから、取引の相手が倒産した場合などには回収できなくなる可能性があります。これを「貸倒れ」といいます。
　青色申告では、近い将来において発生すると見込まれる貸倒れの金額をあらかじめ見積もって必要経費に算入することができます。この経費のことを「貸倒引当金」といいます。
　貸倒引当金のように、近い将来において発生する費用や損失をあらかじめ見積もって計上する経費のことを「引当金」といいます。青色申告者に認められている引当金としては、貸倒引当金の他、退職給与引当金があります。

棚卸資産の評価方法に低価法を適用することはできるのでしょうか。

棚卸資産の時価が、取得価額よりも低くなっている場合に、低価法として時価で評価額を計算することができます。

　年末に在庫として残った棚卸資産の評価額は原則として「原価法」によって計算します。原価法とは、棚卸資産を実際に購入したときの価額（取得価額）で評価する方法です。

　青色申告の場合、棚卸資産の評価額を「低価法」によって計算することもできます。低価法とは、年末に残った棚卸資産の時価がその棚卸資産の取得価額（原価）よりも低くなっている場合に、取得価額ではなく、時価で評価額を計算する評価方法です。

　棚卸資産の評価額が低くなれば、結果として所得が減りますので、所得税も減らすことができるのです。

　なお、翌年以降にその棚卸資産が販売された場合には、低価法を適用しなかった場合よりも、棚卸資産の販売益が多くなるため、その分翌年以降の所得が多くなり、所得税が増額します。

　たとえば、取得価額100の棚卸資産が令和6年に時価が70に下がったため、低価法を適用して評価損30を令和6年の所得から差し引いて所得税を減額させることができます。しかし、令和7年に80で販売した場合には、低価法では販売益が10（＝80－70）、原価法では販売損が20（＝80－100）となるため、原価法では令和7年の所得から20を差し引いて所得税が減額されます。

特別償却などの特例の適用方法について教えてください。

青色申告者として確定申告を行うと、特別償却などの特例が適用できます。

　建物、車輌、機械、備品など、長期にわたって事業に活用する固定資産は取得時に全額を経費として計上できません。固定資産は「減価償却」という手続きに従って、耐用年数（138ページ）に基づき数年にわたって分割して経費に計上することになります。
　ただ、一定の要件を満たす青色申告者については、通常の減価償却とは別枠で特別に減価償却費を計上できる制度があります。この特別に認められた減価償却の制度を「特別償却」といいます。
　たとえば、通常の減価償却限度額が100万円で、特別償却限度額が150万円であれば、その事業者は合計250万円まで減価償却ができます。特別償却は産業の振興といった社会政策的な観点から設けられたもので、非常に多くの種類があります。
　特別償却が利用できれば、取得した年（またはその年の翌年）に償却費を増加させることができますので、その分経費を多く計上できます。この結果、所得が減少し、所得税も減少するのです。
　特別償却の他には、割増償却、即時償却、少額減価償却資産（取得価額30万円未満）の必要経費算入など、さまざまな特例が設けられています。これらの特例には、適用した年で必要経費を増加させる効果があります。

第1章 ● 青色申告をはじめよう！　35

赤字を繰り越すにはどのような方法がありますか。

赤字が発生した年に青色申告書を提出し、その後も連続して確定申告書を提出することで、赤字を３年間繰り越すことができます。

もし赤字が出てしまった場合、青色申告の場合はその損失分を翌年以降３年間にわたって繰り越し、各年の所得から差し引くことができます。つまり、赤字となった年の翌年以降３年間は、赤字額を限度として所得を減らし、その結果として所得税を少なくすることができるのです。

たとえば、前年度に500万円の赤字、当年度に1,000万円の黒字であった場合を考えてみましょう。青色申告でなければ、当年度は1,000万円の所得に基づいた税金を納めることになります。しかし、青色申告を選択している場合、前年度の赤字を損失申告していれば、当年度の黒字の所得1,000万円から前年度の赤字分500万円を差し引いた残額500万円に基づいて税金を計算することができます。

赤字を繰り越して、翌年以降３年間の所得と控除するためには、純損失の生じた年に青色申告書を提出し、その後も連続して確定申告書を提出していることが必要です。

なお、赤字の原因が震災、風水害、火災などの災害により、事業用資産が受けた損失によるものである場合には、損失の年が白色申告書の提出でも適用が可能です。

現金主義による所得計算について教えてください。

青色申告者で、前々年分の所得金額が300万円以下である事業者は、売上や経費の計上を現金の入出金に基づいて計上できます。

　所得税法では、収入を計算する場合、売上代金を現金で受け取っていなくても、仕事をしたり、商品を販売したり、サービスを提供した時点で、それぞれ収入（売上）として認識することになっています。また、必要経費についても現金を支出したときに経費に算入するのではなく、たとえば、商品仕入高の場合、商品を仕入れてその後に販売した時点で経費と認識することになります。

　この方法によれば、適正な期間損益計算（その期間の売上と経費を対応させて損益を計算すること）を行うことができますから、結果として、所得計算も正しく示されることになります。

　一方で、年末に売掛金や買掛金（掛けによる仕入高）などを計上しなければならず、小規模事業者にとっては事務負担が大きくなります。

　そこで、青色申告者で、前々年分の専従者給与などを控除する前の所得金額が300万円以下である事業者に限っては、所得の計算上、実際に現金の収入や支出があった時点で売上や経費を計上することができます。このような計上方法を「現金主義」による計上といいます。

第1章 ● 青色申告をはじめよう！　　37

どのような場合に青色申告特別控除を適用できるのでしょうか。

複式簿記で帳簿を記帳し、確定申告書に損益計算書の他、貸借対照表を添付し、かつ電子化要件を満たす場合には、65万円の特別控除が適用できます。

　青色申告者は、事業所得または不動産所得がある場合に、その年の所得から一定の要件により10万円、55万円または65万円を差し引く（控除）ことができます。この控除の制度を「青色申告特別控除」といいます。

　複式簿記で帳簿を記帳していて、確定申告書に損益計算書の他に貸借対照表を添付し、さらに電子化要件として、帳簿（仕訳帳や総勘定元帳）を一定の電子データで保存するか確定申告書を国税庁の納税システム（e-Tax）で提出した場合には、最大65万円を控除することができます。納税者にとっては非常に有利な制度だといえます。ただし、現金主義を選択している場合には65万円または55万円の控除を受けることができません。なお、電子化要件が満たさない場合には55万円の控除、簡易簿記や現金主義の場合には10万円の控除となります。

　また、不動産所得の場合で65万円または55万円の控除を受けるには、不動産の貸付けが事業的規模（建物の場合では貸間、アパート等で、貸与することのできる独立した室数がおおむね10室以上である。独立家屋の貸付けについては、おおむね5棟以上ある）で行われている必要があります。

個人事業主です。家族については給与を出せると聞いたのですが、事業主自身には給与を出せないのでしょうか。

事業主自身には給与を出せません（経費扱いができません）。

　法人経営の場合、社長や役員など経営者に対して支給した役員報酬は、経費になります。しかし、個人事業の場合、経営者本人に給与を出すという考え方はありません。事業で得た収入から経費を差し引いて残った儲けの部分は、すべて経営者のものであるとみなされるからです。ただ、事業用の口座から「家計費」として、お金を引き出す場合があります。経費にならないからと言って帳簿に記録しないと預金残高が合わなくなってしまいます。その場合には、「事業主勘定」という、収入や費用に関係させない勘定科目を用いて記録します。

●家族へ出す給与の取扱い

　質問内容にもあるように、家族へ出す給料については経費として計上することができます。この場合、「生計」つまり家計が同じであるか別であるかで取扱いが異なります。生計を別にしている場合は、給与として支給した分が経費となります。妻や子どもなど同じ家で暮らし、生計を同じくしている家族に対する給与の経費算入には、後述するように、税法上の制約があります。

●事業専従者給与とは

　生計を同じくする家族で、事業主と一緒に仕事をして給与をもらっている人のことを「事業専従者」といいます。事業専従者に

支給する給与は経費算入することができます。裏を返せば、労働の実態がない家族に給与を出すことは認められないということです。さらに、事業を手伝っている場合も、「事業に専ら従事している」と判定されるための条件を満たす必要があります。1年間のうち6か月以上事業に従事していれば、事業に専ら従事しているということで、事業専従者の取扱いとなります。事業専従者に対する給与を「事業専従者給与」といいます。事業専従者給与と判定された場合には、生計が同じ家族の給与も経費になります。

　青色申告である場合の「青色事業専従者給与」については、「青色事業専従者給与に関する届出書」を提出していれば支出した金額が経費となります。白色申告の場合、事業専従者への給与は事業専従者控除として所得控除が認められています。この事業専従者控除には上限が定められており、上限に達するまでの金額を控除することができます。なお、上限額は、50万円（配偶者の場合86万円）と、所得を「事業専従者の人数＋1」で割った金額とのいずれか低い金額です。

■ **経費になる給与の範囲**

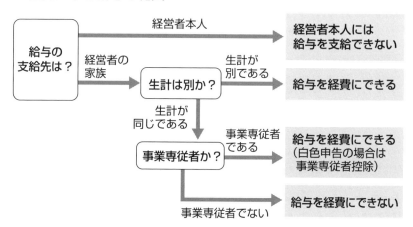

開業するとしたら、税金対策上は、いきなり法人化したほうがよいのでしょうか。それとも個人事業主のほうが得なのでしょうか。

ある一定水準の所得がないと、法人化してもあまりメリットがないと言われています。

　個人事業主と法人のどちらで開業するかは悩みどころです。法人の設立自体に、それほど多額の費用が必要になるわけではありません。また、取引先や金融機関への信用力は、個人事業主であるよりも法人であるほうが、一般的には高く見られます。しかし、設立についての手続きは法人のほうが煩雑です。

　では税金対策といった観点からはどうでしょうか。事業によって得た利益に対して課される税金を、法人であれば法人税、個人事業主であれば所得税といいます。この法人税と所得税はそれぞれ計算のルールが異なりますが、決定的に違うのは税率です。法人税の税率はいくら利益が出ても一定です。それに対して所得税の税率は累進課税といって、利益を得ればそれだけ高い税率が課されます。法人税率は、法人の種類や資本金等の規模により15％から23.2％、所得税率は、所得に応じて5％から45％（一定の控除額あり）となっています。また、個人事業主も法人も住民税や事業税などの他の税金も考慮する必要はありますが、一般的に事業からの所得がある水準を超える場合、法人のほうが税金対策上有利になります。この「ある水準」とは、所得にして数百万円以上というのが一般的なボーダーラインと言われています。

第1章 ● 青色申告をはじめよう！　41

●法人は自分に払う給与も経費にできる

　個人事業主は売上からそれに対応した仕入や経費を差し引いた残りが個人の所得となり、税金を支払います。税金を支払った残りが個人事業主の生活費となります。つまり個人の生活費を差し引く前の所得に基づいて税金が課されます。一方、法人税では、売上から仕入や経費を差し引いて利益を計算するのは所得税と同様ですが、法人の経営者であるあなたの給与も経費として認められます。つまりあなたの生活費も差し引いた上で税金が課されます。この点でも法人のほうが税金対策上は有利だといえます。

●消費税は開業後の免税期間が重要

　消費税については個人事業主と法人のどちらで開業しても、原則として２年間は免税されます。仮に個人事業主で開業し、もし２年後に法人化すると、法人化してからの２年はやはり原則として免税されます。こうした観点から、個人事業主として開業し、その後法人化するのが税金対策上は有利だといえます。ただし、２年間の免税については例外があり、開業もしくは法人化した年の開始以後６か月間（個人事業主の場合は、開業した日からその年の６月30日までの期間）の課税売上高が1,000万円を超えてしまうと、２年目は課税事業者となるため、注意が必要です。

●法人化を段階的に検討するのがベター

　開業する際には、事業でいったいどれだけの所得が得られるかを明確に計算することはできません。経済状況や環境の変化、トレンドなど、さまざまな要因によっても大きく左右されます。そこでまずは個人事業主として開業し、事業が軌道に乗って所得が数百万円規模になる、もしくはそれを超えそうであれば具体的なシミュレーションを行い法人化を検討する、という進め方がベターでしょう。そうすれば法人税におけるメリットも享受しつつ、消費税における免税期間も税金対策上、有効に活用できるからです。

青色申告の記帳義務について教えてください。

青色申告を行うためには、一定の帳簿を備え付けておく必要があります。

所得税法では、青色申告を適用する場合、備え付けておくべき帳簿を次のように定めています。
① 複式簿記による場合
　仕訳帳と総勘定元帳
② 簡易簿記による場合
　現金出納帳、売掛帳、買掛帳、経費帳、固定資産台帳
③ 現金主義による場合の簡易帳簿
　現金出納帳、固定資産台帳

①～③の帳簿には、「取引年月日」「内容」「相手先」「金額」などを記載することになっています。

帳簿の記帳はほとんどが反復した取引を簡単に目に見える形に積み重ねていくだけです。

なお、帳簿や書類は、確定申告が終わったからといって処分することが許されるわけではありません。原則として7年間（現金預金取引関係書類以外の証拠書類、たとえば納品書などは5年間）保存しなければなりません。段ボール箱などに「○年分」と記載し、1年分の帳簿やその他の書類をまとめて保存するようにしましょう。

第1章 ● 青色申告をはじめよう！

●青色申告のその他の優遇措置について

　青色申告者は、前述した申告上の特典の他に、申告後の手続き
でも優遇されることがあります。

・更正の制限

　税務調査によって、申告者が計算した税額に誤りが見つかった
場合（税額が少なく記載されていた場合）には、その税額を訂正し、
不足していた税額に所定の罰則金（過少申告加算税など）を加え
た金額を徴収されることになります。これを「更正」といいます。

　更正を行う場合、白色申告と青色申告では扱いが異なります。
青色申告を適用している場合には原則として推計課税（間接的な
資料によって所得金額を算出して課税すること）を行うことはで
きません。つまり、税務調査において、まず、帳簿書類の調査を
して、その金額の誤りなどを発見した場合でなければ更正するこ
とはできないということです。これは、青色申告者の帳簿の記載
を尊重するという趣旨です。一方、白色申告の場合は、推計課税
を行うことができます。

・更正の理由付記

　青色申告者の更正に際して、税務署が通知する更正通知書には、
その更正の理由を付記しなければならないとされています。現在
では、更正などの処分を受けた場合で、その内容に不服があると
きには、税務署長に対して再調査の請求を行うか、それを行わず
に最初から国税不服審判所長に対して審査請求を行うことができ
ますので、この更正通知書の内容などによって、いずれの方法で
納税者としての権利を行使するかの重要な判断材料とすることが
できます。ただし、白色申告者の更正に関しても、現在では納税
者にとって不利益となる処分が行われた場合に対しても理由を付
記しなければならないとされていますので、ここにおいては、青
色申告書と大きく異なるところはないといえるでしょう。

第2章

帳簿記載・電子帳簿保存法と簿記のしくみ

Question 1
帳簿をつけなければ青色申告の特典を利用できないから帳簿をつけるのでしょうか。それとも青色申告決算書を作成するために帳簿をつけるのでしょうか。

帳簿は事業者自身のためにつけるものです。

....

　青色申告者は一定の帳簿をつけなければなりませんが、帳簿をつけるのは確定申告のためではありません。
　事業規模の小さな個人事業者を例にとって考えてみましょう。
　たとえば、個人でやっている青果店やフラワーショップのようなお店はどうでしょうか。いくら規模が小さいとはいえ、商売をやっているのであれば、それなりの営業活動を行うことになります。まず、商売をやるために店舗を構えようとすれば、土地や建物を購入するか、借りることになります。この場合、手持ち資金で購入代金や賃借料を払うか、または銀行などから借入れをして支払うことになります。
　また、商売のために必要な商品や材料を仕入れたりします。仕入れた商品は棚に飾ったりして消費者に販売し、仕入れた材料は加工して消費者に販売します。さらに従業員を雇ったのであれば、給料を支払う必要があります。その他にも、店舗を維持していくために、水道光熱費などのさまざまな経費を支払います。個人事業者のこれらの活動はすべて営業活動の一環として行われるものですから、帳簿に記帳することになります。
　営業活動をきちんと記帳しておくことによって、儲かっているのかどうかを正確に把握できるようになります。さらに、将来の

経営方針を決定する資料とすることもできます。

●簿記を知らなくても簡易帳簿ならつけられる

　簿記の知識がなくても「簡易簿記」と呼ばれる簡単な帳簿（簡易帳簿）であれば、だれでもつけることができます。ただ、複式簿記の場合は65万円または55万円の特別控除を受けられるのに対し、簡易簿記の場合は10万円の特別控除しか受けられません。

　簡易帳簿は家計簿をイメージしてもらえればよいでしょう。家計簿には「いつ、どこで、何を、いくらで」買ったかを記入します。そして、1か月間に支払った金額を合計して、今月の出費が多かったか、少なかったかなどを検討します。また、過去の支出を振り返って余分な出費はなかったかを考えてみる場合もあります。そして、その過去の家計簿をもとにしてその後のお金の使い方を改める場合もあります。

　簡易帳簿も基本はこれと一緒です。ただ、家計簿に記入するような家庭の出費は現金で支払います。また、家庭の場合「つけ（掛けという）」で支払うようなこともあまりないでしょうから、モノを買った日に支払をすることになります。

　これに対して、商売をやっているとひんぱんにモノを仕入れますから、仕入れたその日に支払いをするのではなく、一定期間（1か月程度の場合が多い）まとめて支払いをします。また、支払いをするときには、現金で支払いをする場合もありますが、現金以外に手形や小切手で支払う場合もあります。

　このように事業者の簡易帳簿は一般家庭の家計簿よりもちょっとだけ難しいかもしれませんが、家計簿がつけられるのであれば、問題なく簡易帳簿をつけることができます。まずは記帳の習慣を身につけるようにしましょう。

第2章 ● 帳簿記載・電子帳簿保存法と簿記のしくみ　47

会計帳簿について教えてください。

総勘定元帳や補助元帳、現金出納帳、仕訳（日記）帳などがあります。

　取引を行う時には、内容や金額などを取引先へ通知したり、取引の事実を記録として残しておくために、書類を作成します。この書類のことを、会計帳票といいます。会計帳票のうち、1つの取引ごとに単票形式で作成したものを会計伝票、現金取引、手形取引など一定の取引のみを集めて、その履歴を時系列で記録したものを会計帳簿といいます。主な会計帳簿には、総勘定元帳、補助元帳、現金出納帳、仕訳（日記）帳、預金出納帳、手形帳、売掛帳、買掛帳などがあります。これらの他にも、会社の業務形態に応じて、さまざまな会計帳簿が存在します。

●会計ソフトを利用した会計帳簿、会計伝票の処理

　会計帳簿と一言でいっても多種多様の帳簿組織（帳簿体系のこと）が考えられます。会計伝票も用途によってさまざまです。これらは日々の取引を記録し、集計するための会計ツールで、貸借対照表、損益計算書などの決算書類を作成する基礎資料になります。

　これらの会計帳簿を経理で行われる作業に沿って説明しますと、まず経理では起票された会計伝票の正確性がチェックされます。仕訳帳に直接記帳される場合もあります。

　次に日次単位ないし月次単位で会計伝票や仕訳帳の仕訳を集計して各勘定元帳に集計金額が転記されます。これを今度は勘定元

帳ごとに再度集計して勘定ごとの一定期間におけるフロー総額と一定時点におけるストック結果を求めます。そのフロー（取引による増減金額の総額）とストック（最終的な残高）は合計残高試算表（T/B）の形にいったんまとめられます。

さらにそこから各勘定の残高金額が精算表に転記され、勘定科目を表示用に組み替えて決算書が誘導的に作成されます。

このような作業を手作業で行うと、記帳から決算書作成まで相当な事務負担が伴うように思えますが、現在ではパソコンによる記帳が主流です。業種、規模によって何通りも構成が考えられる帳簿組織ですが、会計事務ではコンピュータに適した作業であるため、高機能な経理用アプリケーションが多数登場しています。これから始める人でも、いきなりパソコンを使って複式簿記による記帳を行うことも比較的容易にできます。

パソコンなどが普及していなかった時代に、青色申告で求められる記帳のルールである「複式簿記」の原理に従って記帳することを、経験のない人がいきなり1人で始めることは、まず不可能でした。

しかし、今では、前述したような経理の手順を知らなくても、何がしかの取引や残高に関するデータを会計ソフトに入力すれば、正しいかどうかは別として必要帳票類、決算書類が出力されます。パソコンを使って会計事務所に頼まずに企業自らが記帳しても、手作業による際のように集計転記に手間はかかりません。

ただし、会計ソフトを利用し、パソコンで記帳する場合であっても、会計特有のチェック項目は手作業もパソコンの場合も同じですから、集計、転記の正確性チェックの負担がなくなる分、決算内容の整合性（たとえば償却資産と減価償却費）など、数値間の分析をしておくことが大切です。

第2章 ● 帳簿記載・電子帳簿保存法と簿記のしくみ　49

総勘定元帳と補助簿の役割について教えてください。

総勘定元帳は勘定科目ごとに取引の内容を示し、補助簿はさらに一定の細目に分けて管理していきます。

帳簿には、簿記の基礎となる主要簿と、その主要簿の記録を補う補助簿があります。総勘定元帳は、仕訳帳とともに重要な主要簿で、現金の動きや残高、増減した取引の内容が示されます。これらの主要簿を基にして決算書（貸借対照表・損益計算書）が作成されます。また、補助簿には、補助記入帳と補助元帳があり、主要簿作成の明細を示す補助的な役割を持っています。

① 総勘定元帳の作成

総勘定元帳は、仕訳帳に書いた仕訳を勘定科目別に書き写すことで作成します。この勘定科目ごとの帳簿を総勘定元帳といい、この書き写す作業を転記といいます。勘定科目とは、取引内容を分類するためにつけられた名称です。事業を行う際にはさまざまな取引がなされます。そのたびに、取引の記録がなされていくわけですが、その取引が何であるのかがわからなければ、お金の流れを理解することができません。そのため、勘定科目を用い、取引内容を明確にするのです。

② 補助簿の種類

補助簿には「補助記入帳」と「補助元帳」があります。補助記入帳は、特定の取引についての明細な記録を行う帳簿をいい、補助

元帳は、特定の勘定についての明細を記録する帳簿です。補助簿には多くの種類があり、各会社で必要に応じた補助簿を決定します。

●紙面で帳簿をつけるときの注意点

紙面で帳簿をつけるときの注意点は、だれでも読めるような文字で書くことです。プライベートな文書ではありませんから、自分だけが読めるような字ではいけないのは当然です。

■ 補助簿の種類

補助記入帳	
現金出納帳	現金の入金・出金・残高の記録
当座預金出納帳	当座預金の預け入れ・引き出し・残高の記帳
小口現金出納帳	小口現金の収支の明細を記録
仕入帳	仕入れた商品・製品・材料と金額の記帳
売上帳	販売した商品・製品・サービスと金額を記帳
補助元帳	
商品有高帳	商品の出入りと残高を記録
仕入先元帳	仕入先ごとに仕入れた商品・製品・材料・金額内容を記帳／買掛金の支払いを記帳
得意先元帳	得意先ごとに販売した商品・製品・サービス・金額内容を記帳／売掛金の回収を記帳

■ 帳簿の分類

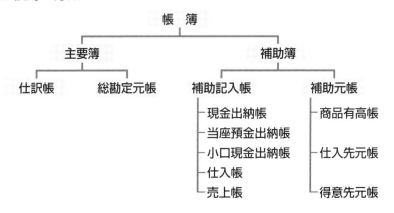

第2章 ● 帳簿記載・電子帳簿保存法と簿記のしくみ 51

また、ときには後で訂正する必要も出てくる場合がありますので、マス目いっぱいの大きな字で書くのも慎むべきです。マス目の幅全体の３分の２程度の大きさで上に余白を残すようにします。文字や数字の訂正が必要になったときには、その余白部分に丁寧に訂正を書き入れ、間違えの部分は２重線で消してその上に訂正印を押します。数字に関しては、３桁ごとにカンマ（,）を入れるようにします。桁の多い数字でも読みやすくするためです。

　なお、伝票や帳簿には、斜めの線や２重線が書かれている個所がありますが、これには意味があります。斜めの線は、後から文字や数字を勝手に入れられたりしないためのものです。また、２重線は仕切線などと呼ばれています。ここでおしまい（締める）という意味です。

　一方、会計ソフトを使用する場合には、訂正作業などの必要はありませんが、会社保存用の帳簿等を出力する際には、摘要欄の誤字や数値の誤りがないか十分確認してから出力する必要があります。

●総勘定元帳から貸借対照表と損益計算書への振り分け

　一般的に試算表とは、合計残高試算表を指し、貸借対照表と損益計算書のセットのことです。試算表には、合計試算表、残高試算表、合計残高試算表の３つがあります。その中でも合計残高試算表はその年の総取引高（貸方と借方の合計金額）と残高の両方がわかる試算表で、合計試算表と残高試算表の両方の特徴を兼ね備えています。

　この試算表は日々の仕訳処理が仕訳帳から各勘定科目の総勘定元帳へ展開され、各勘定科目の総勘定元帳から貸借対照表と損益計算書へ振り分けられることにより完成します。作成された試算表は、仕訳帳から総勘定元帳への転記が正確に行われたかどうかのチェックに使用されます。また、試算表を見れば、その年の損益の状況や財政状態を把握することもできます。

 取引記録の保存方法について教えてください。

 ファイル化してしっかりと保存します。

　日常の取引の中で、相手方との間に領収書や納品書などの取引の証拠となる書類が発生します。それらは証憑書類といわれ、記録として経理上重要な書類となります。証憑書類には、注文書、領収書、請求書、商品受領書などがあります。

　領収書などの書類は、経費処理などの申告の正しさを税務署へ証明するための証拠書類としての働きもあります。会社が作成したり受け取った証憑書類やそれらを整理した帳簿類については、税務署による税務調査を受けたり、後で調べるときなどのためにきちんと整理しておく必要があります。帳簿書類の備付け、記録または保存が法令に従って行われていない時は、青色申告が取り消されてしまう場合もあります。そうなると、特別償却（税法で認められた通常の償却額に加えて、取得価額に一定割合を乗じて算出した金額を上乗せして償却ができること）など、青色申告のさまざまな特典が適用されず、税務上不利な扱いとなりますので注意が必要です。

●保存期間は法定されている
　青色申告者の所得税に関する帳簿書類の保存期間は原則として7年間です。ただし、請求書、見積書、契約書、納品書、送り状などの書類は5年です。また、前々年分の事業所得および不動産所

得の金額が300万円以下の場合の現金預金取引等関係書類（領収書、小切手控、預金通帳、借用書など）も５年です。白色申告者も帳簿書類の保存期間も原則として７年間で、一定のものは５年です。

　帳簿書類の保存方法は、紙による保存が原則ですので、会計ソフトで作成した帳簿書類についても、印刷をして紙により保存する必要があります。ただし、電子帳簿保存法（次ページ）に基づき一定の場合には電子データで保存することができます。伝票や証憑書類の整理は、月別、日付順に通し番号をつけ、ノートなどに貼り付け、ファイル形式にして保存するのが一般的です。これ以外にも科目別に整理する方法があり、それぞれ日付順、内容別、相手先別に整理します。証憑書類の種類によって使い分けます。

　その他、業務上保存する必要がある書類については、別途規程を作るとよいでしょう。このようにすることで、保管と廃棄の基準もでき、ムダに保管しておく必要もなくなります。なお、文書は、保管年限ごとに色別にファイルに綴じておくことで、その後の処理も非常に効率がよくなります。

　このように伝票や証憑書類をきちんと整理するということは、会社のお金の流れを管理するという経理の基本的な仕事の他に、だれに対しても、お金の流れが不正なく行われていることを証明することにもなります。

■ 税務調査の対象になる書類

帳簿関係	総勘定元帳や現金出納帳、売上帳、仕入帳、売掛帳、買掛帳、賃金台帳、小切手帳、手形帳、出退勤記録簿、決算書など
証憑関係	請求書や領収書、見積書、注文書、納品書、タイムカードなど
文書関係	議事録や契約書、同族関係取引の契約書、稟議書など
その他	預金通帳やパソコンなど

 電子帳簿保存法とはどんなことを定めた法律なのでしょうか。

 会計帳簿や領収書などの書類の電子化での保存等を可能とすることができます。

　電子帳簿保存法とは、電子計算機を使用して作成する国税関係帳簿書類の保存方法等の特例に関する法律です。経済社会のデジタル化や、環境問題に配慮したペーパーレス化などの状況をふまえて、経理業務で決算書を作成するための会計帳簿（国税関係帳簿）や、取引の記録のために必要な領収書などの書類（国税関係書類）の電子化を可能とするために制定されました。

　電子化とは、帳簿や各種の書類を電磁的記録（パソコンなどへの入力）で行ったり、電子データのままで入手・作成・保管等を行ったり、紙で入手した書類をスキャナ等に電子化した状態で保管することを意味しており、これらが法的にも認められる取扱いになるということです。国税関係帳簿とは、仕訳帳、現金出納帳、売掛金元帳、固定資産台帳、売上帳、仕入帳などをいい、国税関係書類とは、棚卸表、貸借対照表、損益計算書、注文書、契約書、領収書などをいいます。

　経理の業務は、株主・投資家・債権者だけでなく、国税庁や税務署などの多くの利害関係者に対して、取引を客観的な数値に置き換えた決算書や税務申告書を作成するという重要な役割があります。決算書などの作成のためには、透明性の高い情報となるように、原則として紙に基づいて帳簿への記録や書類の作成・入

手・保管等を行う必要がありますが、それには人的または資源的にも多くのコストがかかります。これを一定の電子的な方法で記録あるいは保存等ができるようになれば、コスト削減にもつながり、会社経営的にも効果が発揮されると期待されていました。

しかし、平成10年にできた電子帳簿保存法では、法が目的とする電子化へ移行をする会社が多くはなく、あまり浸透されませんでした。その主な理由としては、電子化を行うためには事前に税務署長による承認が必要であったり、従来の紙による保管とは異なり、電子化ならではのさまざまな管理のためのルールが細かく設けられて、逆にその管理のハードルが高くなり、実務にはなじめない部分が多かったためと言われています。特に紙媒体から電子化になることで、紙のように目で容易に書類などが確認できなくなる問題（可視化の問題）や、紙に比べてデータの加工や偽造が行われやすくなる問題（真実性の問題）が起こりうるため、人手による相互チェックや定期的な検査を行うしくみなども要求され、むしろ管理業務・管理コストが増加してしまうという懸念が生じていたようです。

●どんなことが改正されたのか

今回の令和3年度税制改正により、実務上浸透しにくかったと思われる部分が大幅に緩和されて、制度の利用促進を施す措置などがとられました。具体的な主な改正は次の通りです。

・税務署長の事前承認制度の廃止

令和4年1月1日以後に会計ソフトなどで電子的に作成した国税関係帳簿を電磁的記録により保存したり、紙で入手した国税関係書類をスキャナ等により保管するのに、改正前では税務署長の事前承認が必要でしたが、改正後にはこれが不要になりました。つまり、手続き面での要件が緩和されたことになります。

・タイムスタンプの付与期間の緩和

タイプスタンプとは、取引により入手等を行った書類をデータとして保管する際に、その日やその時刻に実際にその書類が存在しており、かつその後不当な書類の変更や改ざん等が行われていないことをシステム的に保証する技術手法のことをいいます。つまり、後で上書き等ができないしくみであったり、仮に上書きが行われた場合でも、いつどのような形でその内容が変わったのかを人為的ではなくシステム的に追跡できるようにすることです。電子帳簿保存法では、タイムスタンプを要求しており、そのタイムスタンプの付与期間は、改正前ではデータなどをスキャンして読み込んだ後に3営業日以内に行う必要がありました。

しかし、改正後ではタイムスタンプの付与期間が、最長約2か月とおおむね7営業日以内とされました。タイムスタンプは、本来的には取引の過程で国税関係書類を用意あるいは入手して保管するたびに付与する必要はあるものの、その付与までの期間が実務的に対応可能な範囲内になったといえます。

なお、最長約2か月とは、事務処理規程を定めていることを前提として、その業務の処理に必要な通常の期間が2か月であればそこまでの期間が認められているということであって、たとえばその通常の期間が1か月であれば1か月とおおむね7営業日以内ということになります。

・**電子取引の取引情報に関する電子データの強制**

会社などの取引を行う者とその取引先との間で、取引上で交わす国税関係書類について、紙を使わずに電子データのみでやりとり（電子取引）をする場合には、電子データのままで保存をすることが要求されるようになりました。前述した場合以外にも、電子化を行うことで不正があった場合には、重加算税が10%加算されるなどの罰則的な改正も行われています。

第2章 ● 帳簿記載・電子帳簿保存法と簿記のしくみ　　57

電子帳簿保存法の3つの制度について教えてください。

電子帳簿保存法では、自ら作成した電子帳簿等保存、紙の書類のスキャナ保存、電子取引データ保存の3つが定められています。

電子帳簿保存法では、3種類の保存制度を設けています。
① 電子帳簿等保存
　自らが電子的に作成した帳簿や書類を電子データのまま保存するときの要件を定めています。
② スキャナ保存
　紙で受領または自ら作成した書類を画像データで保存するときの要件を定めています。
③ 電子取引
　電子データのみで取引先とやりとりした情報をデータで保存するときの要件を定めています。
　電子帳簿等保存を行う際に、最低限次の3つの要件を満たしていることが必要です。
ⓐ　電子帳簿等の保存に関するソフトウェアの機能などが明記されたシステム関連書類等（例　システム概要書、システム仕様書、操作説明書、事務処理マニュアル等）を備え付ける
ⓑ　保存場所に、パソコンなどの電子計算機、プログラム、ディスプレイ、プリンタ及びこれらの操作マニュアルを備え付けて、画面や書類などがわかりやすい形で速やかに出力できるように

しておく

ⓒ　税務調査などで電磁的記録のダウンロードの求めに応じることができるようにしておく

　この他に、「優良な電子帳簿の要件」として、さらに次のⓓ～ⓖの4つが要求されています。「優良な電子帳簿の要件」をすべて満たしている場合には、それが満たしている旨を記載した届出書を事前に所轄税務署長に提出することで、その後申告漏れが生じても過少申告加算税が5％軽減されます。

ⓓ　記録事項の訂正・削除を行った場合には、内容などが確認できるソフトウェアなどの電子計算機処理システムを使用する

ⓔ　通常の業務処理期間の経過した後に入力を行った場合には、その事実を確認できるソフトウェアなどの電子計算機処理システムを使用する

ⓕ　電子化した帳簿の記録事項と、それに関連する他の帳簿等の記録との相互の関連性が確認できるようにしておく

ⓖ　「取引年月日」「取引金額」「取引先」、日付や金額の範囲指定、さらにこれらの複数の項目を組み合わせた検索が可能になるようにしておく

●どのような書類がスキャナ保存の対象となるのか

　国税関係書類のうち、棚卸表、貸借対照表及び損益計算書などの計算、整理または決算関係書類を除くすべての書類が対象です。

●スキャナ保存を行うための要件（保存方法）について

　スキャナは、保存の対象となる書類をプリンタなどで読み込んだり、写真で画像を取って、パソコンなどに保存をすることになります。主な保存方法は次の通りです。

・タイムスタンプなどでデータ作成・入手の日付や加工ができないような設定を行う

・タイムスタンプの付与期間は最長で2か月とおおむね7営業日

第2章 ● 帳簿記載・電子帳簿保存法と簿記のしくみ　59

以内と定められている（特に、取引が比較的集中しがちな月末
の取引などは計画的に対応が必要）
・データの保存の際には、この後に修正が行われた場合のバー
ジョン管理、帳簿との相互関連性の確保、会社管理上や税務調
査などでの検索機能の確保、データ保管された書類についてタ
イムスタンプも含めて容易に解読が可能な装置・システムを備
え付けておく

●電子取引データ保存を行うための要件（保存方法）について
　電子取引データの保存は、前述の「電子帳簿等保存を行うた
めの要件」と同じような管理が必要です。電子帳簿保存法では、①
真実性の要件と②可視化の要件の2つに分けて定めています。

① 真実性の要件
　次のいずれかの措置を行います。
・タイムスタンプが付された後、取引情報の授受を行う
・取引情報の授受の後、速やかにタイムスタンプを付すとともに、保
存を行う者または監督者に関する情報を確認できるようにしておく
・記録事項の訂正・削除を行った場合に、これらの内容等を確認
できるシステム、または記録事項の訂正・削除ができないシス
テムにより取引情報を受け取って保存を行う
・正当な理由のない訂正・削除の防止に関する事務処理規定を定
めて運用を行う

② 可視化の要件
・保存場所に、パソコンなどの電子計算機、プログラム、ディスプ
レイ、プリンタ及びこれらの操作マニュアルを備え付けて、画面
や書類などがわかりやすい形で速やかに出力できるようにしておく
・ソフトウェアなどの電子計算機処理システムの概要書を備え付
ける
・検索機能を確保する

 電子帳簿にはどんな問題点があるのでしょうか。

 実務上はさらに細かな留意事項があります。

　電子帳簿保存法で定められている帳簿書類とは、①会計ソフトなどで作成された会計帳簿、②会社などが仕入を行った際に取引先が発行する領収書などの受領書類、③会社などが販売を行った際に取引先へ発行する領収書の控えのような会社側で残す書類としての提供書類の控え、の3つを指します。ただし、②③の受領書類や提供書類の控えは、その書類の発行者側が紙で作成している状態が前提となります。

●電子データによる保存のみが認められる帳簿書類とは
　昨今は、ITの普及で商取引により作成されていた領収書などの書類が、紙ではなく電子データのみでやりとりをするというような電子取引が増えてきました。このように、紙を使用せずに電子媒体のみでやりとりをしている場合には、原則として令和4年1月1日以後に行う電子取引については、電子データ（請求書や領収書等に通常記載される日付、取引先、金額等の情報）での保存が義務付けられました。
　ただし、電子データ保存のしくみの準備期間が2年間設けられ、その期間ではプリントアウトして紙での保管も認められているため、実際上は令和6年1月1日以後に行う電子取引から電子データでの保存が強制されました。

第2章 ● 帳簿記載・電子帳簿保存法と簿記のしくみ　61

なお、もともと紙で作成または入手した書類に関しては、電子データで保存するかどうかは任意となります。

●電子取引でのやりとりにはどのようなものがあるのか

　電子取引では、たとえば次のような書類（電子データ等）のやりとりが行われます。これらのデータは各税法に定められた保存期間が満了するまで保存する必要があります。また、取引慣行や社内のルール等により、データとは別に書面の請求書や領収書等を原本として受領している場合は、その原本（書面）を保存する必要があります。

・電子メールにより請求書や領収書等のデータ（PDFファイル等）を受領
・インターネットのホームページからダウンロードした請求書や領収書等のデータ（PDFファイル等）またはホームページ上に表示される請求書や領収書等のスクリーンショットを利用
・電子請求書や電子領収書の授受に関してクラウドサービス（手もとの保管データではなくネットワークで直接情報処理などを行うもの）を利用
・クレジットカードの利用明細データ、交通系ICカードによる支払データ、スマートフォンアプリによる決済データ等を活用したクラウドサービスを利用
・特定の取引に関するEDIシステムを利用
・ペーパーレス化されたFAX機能を持つ複合機を利用
・請求書や領収書等のデータをDVD等の記録媒体を介して受領
・スマホアプリによる決済により、アプリ提供事業者から利用明細等を受領
・インターネットバンキングを利用した振込等（実施した取引年月日・金額・振込先名等が保存の対象となる）

62

タイムスタンプは、どのような要件を満たす必要があるのでしょうか。

電子データがある時点に存在し、データがその時点から改ざんされていないことを証明できるようにしておく必要があります。

電子帳簿保存法で使用可能なタイムスタンプは、以下の要件を満たすものに限ります。
① 当該記録事項が変更されていないことについて、当該国税関係書類の保存期間を通じ、当該業務を行う者に対して確認する方法など、所定の方法により確認することができること
② 課税期間中の任意の期間を指定し、当該期間内に付したタイムスタンプについて、一括して検証することができること

具体的には、タイムビジネスの信頼性向上を目的として、一般財団法人日本データ通信協会が定める基準を満たすものとして認定された時刻認証業務によって付与され、その有効性が証明されるものになります。

また、認定を受けたタイムスタンプ事業者には、「タイムビジネス信頼・安心認定証」が交付され、「タイムビジネス信頼・安心認定マーク」を使用できることから、その事業者の時刻認証業務が一般財団法人日本データ通信協会から認定されたものであるか否かについては、この認定マークによって判断することもできます。

第2章 ● 帳簿記載・電子帳簿保存法と簿記のしくみ　63

電子取引で、電子メールでやりとりしている場合にはどのように保存すればよいのでしょうか。

添付された領収書等は保存対象であるが、取引情報が記載されていない部分は保存の必要はありません。

　電子メールでの取引情報は、取引に関して受領し、または交付する注文書、領収書等に通常記載される事項をいうことから、電子メールにおいてやりとりされる情報のすべてが取引情報に該当するものではありません。したがって、そのような取引情報の含まれていない電子メールまでも保存する必要はありません。

　具体的には、電子メール本文に取引情報が記載されている場合は当該電子メールを保存する必要がありますが、電子メールの添付ファイルにより授受された取引情報（領収書等）については当該添付ファイルのみを保存しておけばよいことになります。

　なお、請求書をクラウドサービスにより受領したものと電子メールにより受領したものがある場合のように、同一の請求書を2つの電子取引により受領したときは、それが同一のものであるのであれば、いずれか一つの電子取引に対する請求書を保存しておけばよいことになります。

　ただし、保存データの検索を行うにあたり、整然とした形式および明瞭な状態で、速やかに出力することができるようにしておく必要があります。

請求書や領収書等を電子的にデータで受け取った場合、どのように保存をするのでしょうか。

タイムスタンプ等の使用して保存の他に、簡便的な索引簿の作成に基づく方法でも可能です。

電子的に受け取った請求書や領収書等については、データのまま保存しなければならないとされており、その真実性を確保する観点から、以下のいずれかの条件を満たす必要があります。
・タイムスタンプが付与されたデータを受領
・速やかに(または事務処理規程に基づく場合はその業務の処理に関する通常の期間を経過した後、速やかに)タイムスタンプを付与
・データの訂正削除を行った場合にその記録が残るシステムまたは訂正削除ができないシステムを利用
・訂正削除の防止に関する事務処理規程を策定、運用、備付け
　また、事後的な確認のため、検索できるような状態で保存することや、ディスプレイ等の備付けも必要となります。検索できるような状態とは、具体的には次のすべての要件を満たす必要があります。
・取引年月日その他の日付、取引金額及び取引先を検索の条件として設定することができること
・日付または金額に関する記録項目については、その範囲を指定して条件を設定することができること
・二以上の任意の記録項目を組み合わせて条件を設定すること が

第2章 ● 帳簿記載・電子帳簿保存法と簿記のしくみ

できること

●特別な請求書等保存ソフトをもっていない場合

前述したように、PDFといったような電子取引で入手した請求書や領収書などの書類はタイプスタンプなどの方法により保管などを行う必要がありますが、特別な請求書等保存ソフトをもっていない場合には、たとえば以下のような方法で保存をすることも可能です。

① 請求書データ（PDF）のファイル名に、規則性をもって内容を表示する。

例）2024年10月31日に株式会社○○社から受領した10,000円の請求書 ⇒「20241031_㈱○○社_10000」

この規則性を担保する方法として、下図のような索引簿を作成して請求書等のデータを検索する方法も可能です。

② 「取引の相手先」や「各月」など任意のフォルダに格納して保存する。

③ 事務処理規程を作成し、備え付ける。

■ 電子取引で入手した領収書等の簡便的な保存方法（索引簿の例）

連番	日付	金額	取引先	書類名等
A1	20240306	11000	○○株式会社	請求書
A2	20240408	22000	有限会社○○	請求書
A3	20240510	33000	株式会社□□	領収書
A4	20240628	12100	△△株式会社	領収書
A5	20240712	16500	株式会社XXX	請求書
‥	‥	‥	‥	‥
‥	‥	‥	‥	‥

従業員が会社の経費等を立て替えて領収書を電子データで受領した場合にはどんなことに注意したらよいでしょうか。

税務調査などで、速やかに出力することができるように管理しておく必要があります。

　従業員が支払先から電子データにより領収書を受領する行為についても、その行為が会社の行為として行われる場合には、会社としての電子取引に該当します。そのため、この電子取引の取引情報に関する電磁的記録については、従業員から集約し、会社として取りまとめて保存し、管理することが望ましいですが、一定の間、従業員のパソコンやスマートフォン等に保存しておきつつ、会社としても日付、金額、取引先の検索条件に紐づく形でその保存状況を管理しておくことも認められます。

　なお、この場合においても、税務調査の際にはその従業員が保存する電磁的記録について、税務職員の求めに応じて提出する等の対応ができるような体制を整えておく必要があり、電子データを検索して表示するときは、整然とした形式および明瞭な状態で、速やかに出力ができるように管理しておく必要があります。

　また、従業員が立替払いした場合の電子取引情報の一部について、電子データが適正に保存されず、出力した書面のみが保存されているものがあったとしても、そのような事実のみをもって、直ちに青色申告の承認が取り消されたり、金銭の支出がなかったものと判断されたりするものではありません。

 借方や貸方がわからなくても比較的安い会計ソフトでも一定の入力は可能です。

　「複式簿記で頑張って記帳してみたい」という場合には、会計ソフトを利用するのが便利です。会計ソフトの中には、簿記がよくわからなくても入力できるように作られているものも多くあります。勘定科目がわからなくても、摘要欄の文章から自動で勘定科目を判別し、現金出納帳や預金出納帳を作成できるソフトも販売されています。どこまでの機能を求めるかが、会計ソフトを選ぶ際の１つの基準になりますが、比較的安い会計ソフトでも、ある程度誘導的に会計データの作成が可能になっています。現在販売されている会計ソフトのほとんどは、取引（仕訳）さえ入力すれば、総勘定元帳、補助元帳、試算表や決算書（貸借対照表・損益計算書）などを自動で作成してくれます。

　また、会計ソフトについているサポート体制も、選ぶ際の１つのポイントとなります。初めて会計ソフトを利用する際は、当然のようにわからないことが出てきます。そんなときに質問に答えてもらえるサポートサービスは心強い存在です。サポートサービスの中には、定期的に会計ソフトの操作説明会を行っている場合もあります。

　近年では、クラウド型の会計ソフトも普及してきました。クラウド型の会計ソフトの場合は、月額または年額の使用料を支払う

ことで利用できます。このような会計ソフトは無料会員のプランがついていることも多いので、試しに利用しながら使用するかどうかを検討することができます。クラウド型であれば、随時バージョンアップがされるため、常に最新の機能の会計ソフトを使用できるのが魅力的です。

前述したポイントをふまえても会計ソフト選びに迷ってしまう場合は、会計事務所に相談してみましょう。会計事務所では、簿記の知識の程度や会計ソフトの特徴をふまえた上で、アドバイスをもらえます。

●借方・貸方がわからなくても入力はできる

会計ソフトを利用すれば、取引ごとに借方なのか、それとも貸方なのかを悩まなくても入力できます。現金出納帳や預金出納帳を入力する画面を開くと、借方や貸方といった表示は出てこず、これらの区分けをせずに取引を入力することができるのです。

一方、同じ会計ソフトでも、仕訳を入力する画面を開いてしまうと、借方・貸方を入力する必要があります。この場合には、Q16（78ページ）のように複式簿記の考えに基づいて入力することになります。

■ **会計ソフト入力の準備**

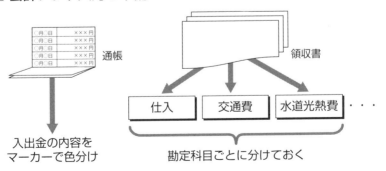

第2章 ● 帳簿記載・電子帳簿保存法と簿記のしくみ　69

現金出納帳と預金出納帳の機能を利用して取引を入力する方法を教えてください。

通帳や領収書に基づいて入力する必要があります。

　現金出納帳と預金出納帳に入力するためには、現金や預金による入金や支払いがわかる書類、つまり通帳と領収書を用意する必要があります。

　まず、通帳の内容を確認します。前述したように、通帳の入金、必要経費の支払いをマーカーなどで色分けしておくと、入力する際にとても便利です。必要経費は勘定科目ごとに色を変えるようにしましょう。次に、事業に関連して支出した際の領収書が勘定科目ごとにグループ分けされているか確認します。ここからさらに、支払相手先ごとに分け、日付順に並べてまとめていきます。このように支払相手先ごとに分けていくことで、より支出内容が明らかになってきますので、グループ分けした勘定科目が正しいかどうかをチェックすることもできます。

●預貯金通帳の内容を確認・整理してソフトに入力する

　実際に預貯金通帳の内容を会計ソフトに入力してみましょう。通帳の内容を入力する際は、「預金出納帳」の画面を開きます。入力する項目は、日付、相手科目、摘要、金額です。

　日付については、会計ソフトによってカレンダーから選ぶタイプ、自分で入力するタイプがあります。

　相手科目は、その入金や支出が何の勘定科目に該当するのか、

たとえば販売代金の入金であれば売上、電気代の自動振替であれば水道光熱費を入力することになります。どの会計ソフトも勘定科目は選択するしくみになっていると思います。

摘要には、その入出金の詳細な内容を入力します。具体的には、入金や支払いのあった相手先名、入金または支払いの内容を記載します。たとえば、○○文房具店でコピー用紙を購入した場合には、摘要欄には「○○文房具店　コピー用紙」と入力します。

最後に金額を入力します。金額を入力する欄は「入金」と「出金」の２つあり、そのどちらかに入力することになります。売上のように入金されたものは「入金」欄に、経費のように振り込んだり自動振替されているものは「出金」欄に入力します。ここで金額を誤って入力してしまうと、通帳と会計ソフトの預貯金残高がずれてしまうので正確に記載してください。

●売掛金や源泉所得税の入力と処理

販売のつど代金を受け取らずに、掛けとしている取引がある場合は、売掛帳を作成します。たとえば、クレジットカードにより売り上げた場合は、売上から入金までタイムラグがあるため、入金までの期間は売掛金として売掛帳で管理します。ただし、取引先や取引件数が少ない場合は、入金時に売上を計上する方法をとってもかまいません。

この方法を採用する場合は、期末において、当年度の売上であるが入金が翌年度となるものをもれなく拾い、売上高に含める必要があります。この作業を行わないと、当年度の売上にもれが生じてしまうためです。そして、当年度の売上のうち翌年度に入金する分を売掛帳に記帳します。

給与を支払う際に源泉所得税を控除している場合は、どのように入力すればよいのでしょうか。この場合は、振替伝票を用いて入力します。振替伝票は現金や預金の入金・出金が絡まない取引

第２章 ● 帳簿記載・電子帳簿保存法と簿記のしくみ　71

を入力する際に用います。振替伝票を使用する際は借方・貸方の項目が出てきますが、給与支払いの際の入力パターンは決まっているので大丈夫です。

　たとえば、給与300,000円に対して源泉所得税15,000円を差し引き、残額の285,000円を振り込んだとします。このとき差し引いた源泉所得税は納税するまで預かっていることになりますので、負債の勘定科目である「預り金」として貸方に記載します。同じく貸方には、源泉所得税を差し引いた残りの285,000円を勘定科目「普通預金」として入力します。借方には、必要経費の勘定科目である「給料」300,000円を入力します。このとき、借方と貸方の金額の合計が必ず一致するように注意します。

　振替伝票を使わず、預金出納帳で入力する方法もあります。この場合は、いったん給与300,000円を振り込んだ後、源泉所得税15,000円を預かったというように取引を2つに分けて入力します。最初の取引では、相手科目「給料」、出金「300,000」と入力し、次の取引では相手科目「預り金」、入金「15,000」と入力します。この2つの取引を合わせれば、先ほどの振替伝票の入力内容と同じ記帳内容になります。

● **領収書を整理してソフトに入力する**

　準備段階できちんと領収書を分類できていれば、現金で支払った際に受け取った領収書がまとまって用意されているはずです。これらの領収書に紐づく取引はすべて現金により支払いが行われていますので、現金出納帳の画面で入力していきます。現金出納帳の入力項目や入力方法は、基本的に預金出納帳と同じです。

　準備の段階で勘定科目ごとに領収書がグループ分けされていますので、後はグループごとに入力していけばよいのです。同じグループに分けられている領収書は、勘定科目や摘要なども同じになりますので入力を簡便化することができます。

簿記と仕訳の全体像について教えてください。

ルールに従って取引を仕訳の形で作成して、これが積み重なって決算書に結びつきます。

　事業を行っていると、毎日お金やモノの出入りがあります。仕入や販売によるモノの収支、また売上や支払いによる金銭の収支など、無数の取引があります。それらを一定のルールに従って正確に記録・集計・整理して、最終的に決算書を作成するまでの一連の作業を簿記といいます。

　決算書は、原則として1年に1度、作成します。これは、事業の1年間の営みによっていくら儲け（または損し）、財産がどう増減していったのかを明らかにするためです。決算書の主なものは貸借対照表と損益計算書です。貸借対照表は、一定時点（おもに決算日）における財政状態（資産や負債などの残高の状況）を表わし、損益計算書は、一会計期間（個人の場合は1月～12月までの一暦年）における経営成績（業績）を表わします。これらの決算書の完成が簿記の最終目的となります。

● 取引を帳簿に記入することが簿記

　簿記とは、会社のお金の出し入れを帳簿という専用の帳面に記入する作業を指します。また、帳簿を見れば、だれでもお金の動きが一目でわかるようになっている必要があります。したがって、簿記には、厳格なルールがあります。このルールを覚えることが簿記をマスターするということなのです。

複式簿記では、後述するように、帳簿の左側を借方、右側を貸方と区別し、取引ごとに借方と貸方の両側に分けて記録します。

また、それぞれの取引には、内容別に名前をつけて仕訳をします。この名前を勘定科目といいます。1つの取引は、借方で少なくとも1つ以上の勘定科目、そして貸方でも同様に少なくとも1つ以上の勘定科目で構成され、借方と貸方の金額は必ず一致します。

● 仕訳はどのように決算書に結びついていくのか

決算書類の貸借対照表や損益計算書は、「資産」「負債」「資本（法人であれば純資産）」「収益」「費用」の5つの要素によって構成されています。

貸借対照表は、「資産」「負債」「資本」で構成され、（借方）「資産」=（貸方）「負債+資本」になります。

一方、損益計算書は、「収益」「費用」で構成され、（借方）「費用（+利益）」=（貸方）「収益」になります。

すべての取引は、2つ以上の勘定科目を使って借方と貸方に仕訳しなければなりません。勘定科目は、「資産」「負債」「資本」「収益」「費用」の5つの要素のどれかに仕訳されます。

■ 貸借対照表と損益計算書

単式簿記とはどのようなものなのでしょうか。

仕訳の形ではなく、お金の単純な出入りを記載する方法です。

簿記には、ルールの違いによって、単式簿記と複式簿記の2種類があります。

まず、単式簿記は、家計簿が代表的なものとして挙げられます。日付、項目、摘要項目、入金、出金、残高の順で記入欄があります。項目とは、お金が入ってきた原因（給与など）、お金が出ていった原因（食費、光熱費など）を、摘要項目とは、それらをさらに具体的に記入（「牛肉、○○スーパー」など）する欄です。家計簿では、お金が出入りした日付を記入し、摘要項目を入れ、入って来たお金、出ていったお金の金額を書き込み、最後に残高を記入します。1か月間つければ、給料がいくら入って、どのようなことにお金を使い、月末にはいくらお金が残ったか、あるいは、不足したかがわかります。これがわかれば、次の月は食費や光熱費などをいくらにすればよいかといった、支出面での計画を立てやすくなります。

単式簿記とは、このように、一定期間におけるお金の単純な出入りだけを時間の経過どおりに記載する方法をいいます。単式簿記は、一定期間のお金の出入りに関して、非常にわかりやすく簡単に記載できるというメリットがあります。家計簿のように、次の期間には、どのようなお金の出し入れをすればよいか、という

ことなどを予測することもできます。

●単式簿記の欠点

　わかりやすさという点ではメリットがある単式簿記ですが、単式簿記には、大きな欠点があります。お金の出し入れを行う主体（家計や商店など）の財産まで把握できないということです。

　家計の例で考えてみましょう。ある家庭で、家族旅行に10万円を支出したとします。一方、別の家庭では10万円で金を買ったとしましょう。家計簿（単式簿記）では、摘要項目にそれぞれ「家族旅行費用」「金の購入費用」と書かれますが、10万円に関してはともに出金項目に「10万円」と記載されるだけです。

　2つの10万円は同じ内容の出金といえるでしょうか。答えはノーです。家族旅行は使ってなくなってしまったお金ですから、当然、支出です。しかし、金の購入は、10万円の代わりに、それと同じ価値のものを手に入れたわけですから、実質的に10万円がなくなってしまったわけではありません。正確にいえば、これは、支出ではなく、投資です。つまり、10万円は家庭の財産として残っているのです。しかし、単式簿記では、お金が減ったこと以外の事実はわからないのです。

　同じことは入金についてもいえます。100万円を借金して得ても、働いて得ても、家計簿上は入金です。しかし、同じ入金項目でも、借金の100万円を見て、「私もお金持ちになったものだ」と満足する人はいません。働いて得たお金は財産の一部になりますが、借金はいつか返済しなければなりませんので、財産を減らす性格のもの（これを負の財産ともいいます）になるからです。

　このような単式簿記の欠点は、普通の生活状況とは違ったトラブルが起こったときに、適切な対応ができないという形で現れます。

　たとえば、勤め先の会社が倒産し、今後の生活を考える場合、貯金や家、自動車、株式、債券といった財産がいくらあるかを把

握し、それらを生活費に変えることを考えなければならないでしょう。しかし、家計簿は毎月給料が入ってくるのが前提で、それをどう使ったかを記載しているだけなので、いくら眺めてもそれらに対する答えは出ません。

事業を経営しているのであればなおさらです。たとえば倒産の危機に陥ったときに、単式簿記では、対策を立てるのが困難です。

経理担当者にとって「お金の出し入れを把握する」ということは、単に、限られた期間における単純なお金の出入りだけを理解すればよいということではありません。家計や商店の持つすべての財産を、借金などの負の財産も含めて把握するということなのです。

■ 単式簿記の例

	項目	摘要項目	入金	出金	残高
4/1	前月繰越				10,000
4/5	売上	X商店　〇〇	10,000		20,000
4/10	光熱費	電気代3月分		2,000	18,000
4/15	消耗品費	Y商店　文房具		1,500	16,500
4/20	売上	Z株式会社　××	5,000		21,500
4/30	仕入	株式会社A　△△		7,000	14,500

■ 単式簿記の欠点

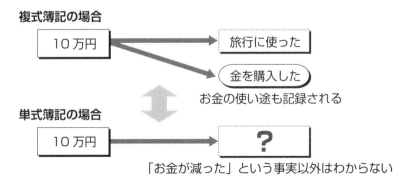

第2章 ● 帳簿記載・電子帳簿保存法と簿記のしくみ

Question 16 複式簿記について教えてください。

 お金の出入りを借方、貸方の「仕訳」の形で表わします。

単式簿記の欠点を克服するためにできたのが、複式簿記です。

お金は、湧いて出てくるものではありません。反対に突然、消えてなくなるものでもありません。お金が入ってくる際には、働いたり、借金したりという理由やきっかけがあるのです。また、働いて得たのであれば、財産ですし、借金をして得たのであれば、負の財産です。

一方、お金が出ていく際には、必ず代わりに何かが手に入るはずです。手に入ったものが金の延べ棒であれば、お金は財産に変わったわけですし、家族旅行であれば、旅行代金が出ていく代わりに家族旅行というサービスを得たことになるわけです。したがって、「財産の増減まで見えるように、お金の出入りを把握する」には、お金が入ってきた際にはその理由やきっかけを、出ていった際には、そのお金が何に変わったのかまで記載すればよいことになります。

複式簿記はこれを実現しました。同じ入金でも、借金で得たのか、働いた結果、給料として得たのかが明確にわかるように記載できます。出金の場合も同じです。お金が出ていった代わりに、家族旅行に行ったのか、それとも金の延べ棒を購入したのかが明確にわかるように記載できます。

●複式簿記ではお金を取引と考える

複式簿記では、お金の出入りをそれに対応する何かと交換する

というような「取引」として考えます。「取引」を行った結果の対価として、だれかが持っているお金を得たり、だれかにお金を払ったりすることによって増えたり減ったりするのです。このように、「取引」することによってお金が増減するということは、当たり前の考え方でもあります。

お金の出入りを「取引」と考えることによって、単式簿記とはまったく違うものが見えてきます。同じ10万円の出金でも、家族旅行の代金として旅行会社と取引（交換）したと考えればそれは消費、金の購入のために金の取引業者と取引（交換）したと考えればそれは投資と、財産の増減まではっきり把握できるからです。

したがって、複式簿記で記帳するということは、お金の「取引」を記載することだといえます。そして、複式簿記の記帳項目の借方、貸方こそが、この「取引」を記載する項目になるのです。

●左側を「借方」、右側を「貸方」と呼ぶ

複式簿記で記帳するということは、お金の「取引」を記載することです。複式簿記は、日付、借方、貸方、金額、摘要といった項目が設定されています。複式簿記では、取引を帳簿に記入する際、帳簿を左右に区別し、取引ごとに左と右の両側に分けて記録します。左側を借方、右側を貸方と呼びます。このように、取引を借方と貸方に分けて記録することを仕訳といいます。具体的には、取引の際に「私（家計や商店）がどうした」という項目を借方に、「取引相手がどうした」あるいは「なぜ、私（家計や商店）はこんなことができたのか」という項目を貸方に記載します。

それぞれの取引を記録する際は、内容別に名前（勘定科目）をつけます。1つの取引は借方、貸方合わせて2つ以上の勘定科目で構成されます。

●借方と貸方の記載の仕方

借方と貸方は、取引による財産の変動を「原因と結果」の関係

第2章 ● 帳簿記載・電子帳簿保存法と簿記のしくみ　79

で表わすものです。借方と貸方のルールとして、まず、借方には財産の増加、貸方には財産の減少が入るということを覚えておくとよいでしょう。

以下で家計簿を複式簿記にした場合の記載例を見てみましょう。

金の購入で10万円を使った時には、借方と貸方の「金額」の項目に10万円と記載し、借方に「金（財産の受領）」と書きます。「私が金という財産を得た」からです。さらに、貸方には「現金（金の購入代金）」と記載します。金を購入できる理由は、「私が金の販売会社に現金10万円を支払った（販売会社が現金10万円を受領した）」からです。

この仕訳は、財産が増加した場合はその財産を表す勘定科目を借方に、財産が減少した場合はその財産を表す勘定科目を貸方に記載するというルールに沿ったものです。金の購入取引によって、金という財産が増えたわけですから、借方には「金」を記載します。また、金を購入するために現金という財産が減少したため、貸方には「現金」が記載されるのです。この場合、借方と貸方の金額は双方ともに10万円となります。このように借方と貸方の金額は同じになるということが重要です。これは、複式簿記の基本中の基本ですので、忘れないようにしましょう。

■ 複式簿記の例

● 現金10万円を使って家族旅行に行ったケースと、給料として現金50万円を受け取ったケースの記載例

# Question 17 勘定科目はどのようなものなのでしょうか。

 お金の出入りの原因をだれでも一目でわかるようにするための技術です。

　勘定科目とは、家計簿（単式簿記）でいえば、「項目」、複式簿記でいえば、借方、貸方に記入する事柄のことです。記帳された金額がどういった内容であるかを表現するための名前であるともいえます。たとえば、家族旅行で10万円使った場合は、家計簿であれば「家族旅行費」、複式簿記では借方に「家族旅行費」、貸方に「現金（家族旅行代金）」と書きます。これらの「家族旅行費」「現金」が勘定科目です。

　勘定科目ごとにまとめるわけですから、具体的なお金の出入りをある程度のカテゴリーに分ける必要があります。お金の出入りがカテゴリー別に当てはまるように勘定科目を設定するのは、それほど困難ではありません。たとえば、家計簿の場合、入金の場合の勘定科目は「収入」と「借入」、出金の場合の勘定科目は「食費」「光熱費」「家賃」「ローン」「娯楽費」「教育費」などと設定すればよいでしょう。こうすれば、家族旅行による出費も、家族で映画を見にいったときの入場料も「娯楽費」という１つのカテゴリーに入れることができ、「家族旅行費」と「映画」という２つの勘定科目を設定した場合よりも支出を一目でわかりやすくすることができます。

　この家計簿の例から、お金の出入りが一目でわかるようにする

第２章 ● 帳簿記載・電子帳簿保存法と簿記のしくみ　　81

ためには、勘定科目をできる限り少なく設定すればよいということがわかると思います。入金で「借入」がない家庭であれば、「借入」の勘定科目を除き、子どもがいない家庭であれば出金の「教育費」を勘定科目から除けば、お金の出入りがさらに見やすくなるはずです。

●**基本的に自由に設定できる**

家庭には、子どもがいる家庭、いない家庭、大家族、核家族など、さまざまな形があります。その形によって、お金の出入りの仕方も変わりますので、勘定科目も変わります。個人事業も同じです。業種、業態によって、お金の出入りの仕方や内容が違いますので、勘定科目も変わります。ただ、だれが見ても一目でお金の出入りがわかるように配慮する必要があります。そこで、基本的には、どの個人事業主も一定のカテゴリーに従って勘定科目を設定しています。

まず、勘定科目で最も大きなカテゴリーは、「資産」「負債」「資本」「収益」「費用」の5つです。資産とは「財産」、負債とは「借金」、資本とは「元入金、91ページ）」、収益とは「収入」、費用とは「収入を得るために使ったお金」のことです。お金の出入りは、この5つの勘定科目の中のどれかに必ず入ります。

ただ、この5つの勘定科目に従ってお金の出入りを分類すれば、簿記の大きな目的である「（お金の出入りが）一目でわかる」ようになるかというと、そうではありません。できる限り少なく勘定科目を設定したほうがわかりやすくなりますが、勘定科目を5つだけに絞ってしまうと、今度は、あまりにシンプルになりすぎて、かえって実体が見えなくなってしまうからです。たとえば、資産といってもその中身は現金、手形、土地、在庫などいろいろあります。これらをやみくもにまとめて「資産」として記載しても、事業の実際の姿はわかりません。

一方、5つの勘定科目は、究極の簡素化を行った結果に生み出されたものですので、非常に重要なものでもあります。たとえば、ある商店の負債の金額が資産の金額よりも多ければ、その商店は「債務超過（借金が財産よりも多い状況）」とわかります。5つの勘定科目に絞り込んだことで「一目で」その個人事業としての全体的な懐事情を判断できるのです。

　そこで、実際の簿記では、これらの大きな勘定科目の中にさらにいくつかの勘定科目を設定して記帳します。そうすることによって、事業の実態を含めて「一目でわかる」ようになるのです。

　貸借対照表や損益計算書においても、大きく分けた5つの勘定科目の金額がいくらなのか、さらにその中に設定された勘定科目の金額がいくらなのかがわかるように表示されています。5つの勘定科目のうち、「資産」「負債」「資本」は貸借対照表に、「収益」「費用」は損益計算書に表示されます。

■ 5つのカテゴリーに含まれる代表的な勘定科目 ………………

資　産	現金、当座預金、普通預金、受取手形、売掛金、建物、土地
負　債	支払手形、買掛金、預り金、借入金、未払金
資　本	元入金
費　用	仕入、給料、支払利息、地代家賃、旅費交通費、交際費
収　益	売上、受取利息、受取配当金、受取手数料

第2章 ● 帳簿記載・電子帳簿保存法と簿記のしくみ　83

■ 主な取引内容（摘要）と勘定科目の対応表 ……………………

摘　要	勘定科目（区分）	摘　要	勘定科目（区分）
あ行		応接セット （少額消耗品）	消耗品費（費用）
預入れ	当座預金（資産）	お茶代	福利厚生費（費用）
預入れ	普通預金（資産）	お茶代	会議費（費用）
アルバイト給料 〇月分	給料（費用）	**か行**	
インターネット 使用料	通信費（費用）	（債権）回収不能額	貸倒損失（費用）
椅子（少額消耗品）	消耗品費（費用）	会計ソフト （少額消耗品）	消耗品費（費用）
椅子	什器・備品（資産）	会計ソフト	ソフトウェア （資産）
祝金　〇〇氏 （取引先）	交際費（費用）	買掛金支払い	買掛金（負債）
祝金　〇〇（社員）	福利厚生費（費用）	会社設立費用	創立費（資産）
印刷代	広告宣伝費（費用）	貸倒引当金計上	貸倒引当金 （マイナスの資産）
印刷代 （インクなど）	事務用品費（費用）	貸倒引当金計上	貸倒引当金繰入 （費用）
飲食代 （取引先との会食）	交際費（費用）	貸倒引当金 取り崩し	貸倒引当金戻入 （収益）
飲食代 （打ち合わせ時）	会議費（費用）	貸付け	短期貸付金（資産）
飲食代 （社内行事等）	福利厚生費（費用）	貸付け	長期貸付金（資産）
印紙代	租税公課（費用）	会議資料作成費	会議費（費用）
内金入金	前受金（負債）	開業資金	元入金（資本）
裏書手形	受取手形（資産）	開業費用	開業費（資産）
売上	売上高（収益）	借入れ	短期借入金（負債）
売上（掛け）	売掛金（資産）	借入れ	長期借入金（負債）
売掛金入金	売掛金（資産）	借入金返済	短期借入金（負債）
運送料	仕入高・運賃（費用）	借入金返済	長期借入金（負債）
延滞税	租税公課（費用）	借入金利息	支払利息（費用）
応接セット	什器・備品（資産）	掛け代金入金	売掛金（資産）

摘　要	勘定科目（区分）	摘　要	勘定科目（区分）
掛け代金支払い	買掛金（負債）	空調設備	建物付属設備（資産）
書留代	通信費（費用）	蛍光灯代	消耗品費（費用）
加工賃代	外注加工費（費用）	携帯電話購入代	消耗品費（費用）
加工賃収入	売上高（収益）	携帯電話通話料	通信費（費用）
火災保険	保険料（費用）	経費仮払い	仮払金（資産）
加算金・加算税	租税公課（費用）	健康診断	福利厚生費（費用）
ガス代	水道光熱費（費用）	健康保険料（会社負担）	法定福利費（費用）
ガソリン代	車両費（費用）	健康保険料（本人負担）	預り金（負債）
株式購入	有価証券（資産）	減価償却	減価償却費（費用）
株式購入手数料	有価証券（資産）	減価償却	減価償却累計額（マイナスの資産）
株式購入（長期保有）	投資有価証券（資産）	現金過不足（超過）	雑収入（収益）
株式売却（利益）	（投資）有価証券売却益（収益）	現金過不足（不足）	雑損失（費用）
株式売却（損失）	（投資）有価証券売却損（費用）	原材料費	仕入高（費用）
株式売却手数料	支払手数料（費用）	原材料費（在庫）	材料（資産）
カタログ代	広告宣伝費（費用）	源泉所得税	預り金（負債）
管理料（不動産）	支払手数料（費用）	コーヒー代（来客）	会議費（費用）
切手代	通信費（費用）	コーヒー代	福利厚生費（費用）
切手代（未使用分）	貯蔵品（資産）	航空運賃	仕入高・運賃（費用）
機械購入	機械（資産）	航空チケット代	旅費交通費（費用）
機械リース料	賃借料（費用）	航空便（書類など）	通信費（費用）
期末商品棚卸し	期末商品棚卸高（売上原価）	工場用建物	建物（資産）
期末（期首）商品	商品（資産）	厚生年金保険料（会社負担）	法定福利費（費用）
期末（期首）製品	製品（資産）	厚生年金保険料（本人負担）	預り金（負債）
求人広告	広告宣伝費（費用）		
給料○月分	給料（費用）		
クリーニング代	雑費（費用）	香典　（取引先）	交際費（費用）

摘　要	勘定科目（区分）	摘　要	勘定科目（区分）
香典（社内）	福利厚生費（費用）	自動車税	租税公課（費用）
公認会計士顧問料	支払手数料（費用）	自動車保険	保険料（費用）
小切手振出し	当座預金（資産）	児童手当拠出金	法定福利費（費用）
小切手受け取り	現金（資産）	支払代金(仕入以外)	未払金（負債）
小切手帳	事務用品費（費用）	事務所用建物	建物（資産）
国債購入費用	有価証券（資産）	事務所家賃	賃借料（費用）
国債購入費用 （長期保有）	投資有価証券 （資産）	敷金支払い	敷金（資産）
国債売却（利益）	（投資）有価証券 売却益（収益）	車検費用	車両費（費用）
		車両購入費用	車両（資産）
国債売却（損失）	（投資）有価証券 売却損（費用）	出産祝い（取引先）	交際費（費用）
コンピュータ 使用料	賃借料（費用）	出産祝い（社内）	福利厚生費（費用）
		出張手当	旅費交通費（費用）
ゴミ袋	消耗品費（費用）	出張代	旅費交通費（費用）
ゴミ処理代	雑費（費用）	社会保険料	法定福利費（費用）
さ行		社会保険労務士 手数料	支払手数料（費用）
財形貯蓄	預り金（負債）	司法書士手数料	支払手数料（費用）
雑誌代	新聞図書費（費用）	収入印紙	租税公課（費用）
残業代	給料（費用）	収入印紙(未使用分)	貯蔵品（資産）
仕入れ	仕入高（費用）	宿泊代	旅費交通費（費用）
仕入れ（掛け）	買掛金（負債）	修理代	修繕費（費用）
仕掛品計上	仕掛品（資産）	消費税（税込経理）	租税公課（費用）
試供品	広告宣伝費（費用）	消費税(中間・確定)	未払消費税等 （負債）
消耗品	消耗品費（費用）		
新聞代	新聞図書費（費用）	消費税（税抜経理）	仮払（仮受）消費 税等（資産・負債）
賞与	賞与手当（費用）		
住民税（特別徴収）	預り金（負債）	照明器具 （少額消耗品）	消耗品費（費用）
事業税	租税公課（費用）	照明器具	什器・備品（資産）

86

摘　要	勘定科目（区分）	摘　要	勘定科目（区分）
書籍購入代	新聞図書費（費用）	チラシ制作費用	広告宣伝費（費用）
水道代	水道光熱費（費用）	机（少額消耗品）	消耗品費（費用）
清掃代	雑費（費用）	机	什器・備品（資産）
制服代	福利厚生費（費用）	手形受け取り	受取手形（資産）
歳暮	交際費（費用）	手形振出し	支払手形（負債）
生命保険料	保険料（費用）	手形帳	事務用品費（費用）
税理士顧問料	支払手数料（費用）	手形割引	受取手形 （資産をマイナス）
前期未商品 繰り越し	期首商品棚卸高 （売上原価）	手形の割引料	手形売却損（費用）
洗車代	車両費（費用）	手形裏書	受取手形 （資産をマイナス）
倉庫取得費	建物（資産）	手付金	前渡金（資産）
倉庫使用料	賃借料（費用）	手付金の受け取り	前受金（負債）
損害保険料	保険料（費用）	店舗	建物（資産）
速達代	通信費（費用）	店舗使用料	賃借料（費用）
た行		電球	消耗品費（費用）
宅配料金	運賃（費用）	電気設備	建物付属設備（資産）
タクシー代	旅費交通費（費用）	電気代	水道光熱費（費用）
タクシー代 （取引先飲食後）	交際費（費用）	電池代	消耗品費（費用）
棚（少額消耗品）	消耗品費（費用）	伝票購入	事務用品費（費用）
棚	什器・備品（資産）	電報代	通信費（費用）
ダイレクトメール 製作費	広告宣伝費（費用）	電話代	通信費（費用）
段ボール	消耗品費（費用）	トイレット ペーパー	消耗品費（費用）
茶菓子（来客時）	会議費（費用）	灯油代	水道光熱費（費用）
駐車場代	賃借料（費用）	登録免許税	租税公課（費用）
仲介手数料	支払手数料（費用）	時計（少額消耗品）	消耗品費（費用）
中元費用	交際費（費用）	時計	什器・備品（資産）
町内会費	諸会費（費用）	特許料	特許権（資産）

第2章 ● 帳簿記載・電子帳簿保存法と簿記のしくみ　87

摘　要	勘定科目（区分）	摘　要	勘定科目（区分）
特許出願料	特許権（資産）	ファックス通信料	通信費（費用）
特許登録費用	特許権（資産）	プリンター （少額消耗品）	消耗品費（費用）
特許権購入	特許権（資産）		
土地購入	土地（資産）	プリンター	什器・備品（資産）
トナー代	事務用品費（費用）	複合機 （少額消耗品）	消耗品費（費用）
トラック	車両・運搬具(資産)		
な行		複合機	什器・備品（資産）
日当（出張時）	旅費交通費（費用）	複合機リース代	賃借料（費用）
荷造費用	運賃（費用）	不動産取得税	租税公課（費用）
のれん	のれん（資産）	振込手数料	支払手数料（費用）
は行		不渡手形	不渡手形（資産）
売却代金 （売上以外）	未収入金（資産）	部品代	消耗品費（費用）
パソコン （少額消耗品）	消耗品費（費用）	弁護士顧問料	支払手数料（費用）
		弁当代（会議）	会議費（費用）
パソコン	什器・備品（資産）	忘年会費用	福利厚生費（費用）
パッケージソフト （少額消耗品）	消耗品費（費用）	包装資材	消耗品費（費用）
パッケージソフト	ソフトウェア （資産）	ホームページ 製作費	広告宣伝費（費用）
ハガキ代	通信費（費用）	保険料	保険料（費用）
配当受け取り	受取配当金（収益）	ボイラー	建物付属設備(資産)
ビル管理費	支払手数料（費用）	保守点検費用	修繕費（費用）
引取運賃（資産）	資産の名称（資産）	保証料	支払手数料（費用）
引取運賃（商品）	仕入高（費用）	保証料 （翌期以降分）	前払費用・長期前 払費用
引取運賃	運賃（費用）	保証金 （返還される）	保証金（資産）
備品購入 （少額消耗品）	消耗品費（費用）	保証金 （返還されない）	長期前払費用 （資産）
備品購入	什器・備品（資産）	**ま行**	
文具代	事務用品費（費用）	前払い金	前渡金（資産）

摘　要	勘定科目（区分）	摘　要	勘定科目（区分）
前払い金（建物）	建設仮勘定（資産）	LAN 環境設備 （少額消耗品）	消耗品費（費用）
名刺	事務用品費（費用）	LAN 環境設備	什器・備品（資産）
メンテナンス代	修繕費（費用）		
や行			
役員報酬	役員報酬（費用）		
家賃	賃借料（費用）		
家賃の受け取り	家賃収入（収益）		
郵便代	通信費（費用）		
郵便小包	運賃（費用）		
郵便為替証書	現金（資産）		
用紙代	事務用品費（費用）		
預金利息	受取利息（収益）		
ら行			
リース料	賃借料（費用）		
リース料 （資産計上）	リース資産（資産）		
リース料 （資産）の支払	リース債務（負債）		
冷蔵庫 （少額消耗品）	消耗品費（費用）		
冷蔵庫	什器・備品（資産）		
冷暖房 （少額消耗品）	消耗品費（費用）		
冷暖房	建物付属設備（資産）		
労災保険料	法定福利費（費用）		
その他			
EMS（国際スピー ド郵便）代	通信費（費用）		
EMS 代（小包）	運賃（費用）		

第2章 ● 帳簿記載・電子帳簿保存法と簿記のしくみ　89

資産・負債・収益・費用と仕訳の関係について教えてください。

借方・貸方のどちらに記載するかは仕訳の対象と対象の増減で決まります。

　取引の仕訳には借方と貸方がありますが、どちらに記載するかについては仕訳の対象が何なのか、またその対象が増えたのか、減ったのかによって決まります。具体的には、資産が増えたときは借方に、減ったときは貸方に記載します。反対に、負債が増えたときは貸方に、減ったときは借方に記載します。売上などの収益項目については、その収益が発生した時は貸方に記載します。一方、売上原価などの費用が生じた場合は、借方に記載することになります。

　では、勘定科目をふまえて、実際に仕訳をしてみましょう。

●資産・負債についての仕訳

　手持ちの現金30万円で店舗に設置するための陳列棚を購入したとします。その場合、仕訳は以下のようになります。

（借方）工具器具備品　300,000円　／　（貸方）現金　300,000円

　資産が増えた場合、借方にはその増えた資産を記載します。この場合、「陳列棚」という資産が増えたわけですから、借方には陳列棚を含むカテゴリーである「工具器具備品」を入れます。一方で、資産が減った場合は、その減った資産を貸方に記載します。この例では、「現金」という資産が減ったわけですから、貸方には「現金」と記載します。

このように借方には増加した資産を、貸方には減少した資産を記載します。

　一方、銀行から現金100万円を借り入れた場合の仕訳は以下のようになります。

　（借方）現金　1,000,000円　／　（貸方）借入金　1,000,000円

　先ほどの陳列棚を購入したときの例と同じく、借方には増えた資産を記載します。この場合、現金という資産が増加したため、借方には「現金」100万円が記載されています。一方、この現金を手に入れるために、借入金が増加しています。負債が増加した場合は、貸方にその負債を記載します。この場合、「借入金」という負債が増加したわけですから、貸方には「借入金」100万円を記載します。

　ここで、重要なことがわかると思います。手持ちの現金で陳列棚を購入した場合は、借方の「工具器具備品」も、貸方の「現金」も同じ「資産」のカテゴリーに含まれます。したがって、購入前と購入後で資産の金額に変化はありません。しかし、借入れをした場合は、借方の「現金」は資産ですが、貸方の「借入金」は負債になるのです。したがって、この場合は、現金を借り入れた時点で、資産は100万円増えた一方、負債も100万円増えたことになります。

　なお、法人の場合、貸借対照表には「資産」「負債」以外に「純資産」というカテゴリーがあります。しかし、個人事業の貸借対照表には、そもそも「純資産」がありません。「純資産」の中の勘定科目の１つである「資本金」に代わるものとして、個人事業では「元入金」という勘定科目を使います。「元入金」とは、個人事業主が事業のために準備した資金を表す勘定科目です。

●**収益・費用**についての仕訳

　収益と費用は損益計算書を構成する勘定科目ですので、会社の

損益に影響します。たとえば得意先へ商品を販売した場合の仕訳、仕入先から商品を仕入れた場合の仕訳、経費の支払いを行った場合の仕訳などがこれに該当します。具体的な仕訳の例で見ていきましょう。収益項目が貸方に発生すると、収益の増加を意味します。たとえば得意先へ商品を販売して現金1万円を受け取った場合は、以下の仕訳になります。

（借方）現金　　　　　10,000円　／　（貸方）売上　10,000円

この場合、収益である「売上」が増加したと同時に、資産である「現金」も同額だけ増加していることがわかります。

また、費用項目が借方に発生すると、費用の増加を意味します。たとえば従業員の給与20万円を現金で支払った場合、以下のような仕訳になります。

（借方）従業員給与　200,000円　／　（貸方）現金　200,000円

ここでは、「従業員給与」という費用が借方に記載されているために、当該費用が増加していることがわかります。同時に、「現金」が貸方に記載されていることから、資産である「現金」が減少していることがわかります。

このように、仕訳をすることによって、取引ごとに勘定科目が借方と貸方に振り分けられ、最終的には決算書が作成されることになります。具体的には、日次単位ないし月次単位で仕訳を集計して各勘定元帳に集計金額が転記されます。これを今度は勘定元帳ごとに再度集計して、勘定ごとの一定期間におけるフロー総額と一定時点におけるストックを求めます。そのフロー（取引による増減金額の総額）とストック（最終的な残高）は、いったん試算表（T/B）の形にまとめられます。その上で勘定科目を表示用に組み替えて、貸借対照表と損益計算書が作成されます。

伝票や証憑書類の扱いはどうすればよいのでしょうか。

伝票は簿記の仕訳に準じて記入し、振替伝票は摘要欄を活用します。

　発生した取引は、そのつど仕訳帳に記録する場合と、伝票によって記録し、作業の分担と効率化を図る場合があります。仕訳帳も伝票も、総勘定元帳への転記のもとになります。伝票会計制度は、何種類の伝票を使用するかにより1伝票制、3伝票制、5伝票制があります。伝票の種類としては、以下のものがあります。
① 仕訳伝票 … 仕訳帳の代わりに記録する個々の取引
② 入金伝票 … 現金の入金に関する取引
③ 出金伝票 … 現金の出金に関する取引
④ 振替伝票 … 現金に関係のない取引
⑤ 売上伝票 … 売上に関する取引
⑥ 仕入伝票 … 仕入に関する取引

　現在では、多くの場合は会計ソフトを使用して、取引の一つひとつを伝票に記録します。振替伝票などに記録した内容を、会計ソフトに入力するという方法です。データを打ち込んでさえおけば、たとえば売上や仕入の状況など、知りたい情報を容易に確認することができるというメリットがあります。ただし、最初の記録の段階で誤りがあると、すべての帳票に影響が出てしまいます。データの基となる伝票などを作成、入力する際には十分注意をする必要があります。

第2章 ● 帳簿記載・電子帳簿保存法と簿記のしくみ　93

●伝票の書き方

　伝票とは、取引ごとに取引の日時、取引した物、取引した量、取引の金額を記したカードです。前述した6種類の伝票には、いずれも、取引日、領収書や請求書など取引の証拠となる書類の№、取引先の名前、勘定科目、取引金額、取引の内容（摘要）、消費税といった記入項目が並んでいます。会計担当者はそれらの項目に必要事項を記入していくわけです。これが「伝票を起こす」という作業です。伝票は、取引が発生したごとに毎日、起こすことになります。それぞれの伝票は、簿記で決められている仕訳方法に準じて記入を行いますが、会計ソフトの振替伝票入力では摘要欄を上手に活用しましょう。

　摘要欄を上手に活用するには、おもに「取引の日」「取引を行った担当者名」「経費の目的や内容」「支払った取引先の会社名や担当者名等」「支払先の詳細やどこで費用が発生したのか」「単価など支払金額の詳細」の項目を記入しておきます。

　ただし、すべての伝票にこれらをこと細かく記入する必要はありません。たとえばコピー機をリースした際に毎月固定額を支払うリース料（賃借料）の場合には、リース会社との取引が少なければ「○○リース　○月分」だけでも足りるということになります。

●伝票・証憑書類の整理

　伝票や証憑書類の整理は、月別、日付順に通し番号をつけ、ノートなどに貼り付けて保存するのが一般的です。これ以外にも科目別に整理する方法があり、それぞれ日付順、内容別、相手先別に整理します。証憑書類の種類によって使い分けます。整理した書類については、法律で、定められた期間中（53ページ）は保存しなければなりません。

領収書を受け取ることができない場合にはどうしたらよいでしょうか。

取引の明細を作成し、取引内容が明確にわかるようにしておく必要があります。

　日常の取引の中で、相手方から受け取る領収書や納品書などの取引の証拠となる書類（証憑書類）は記録として経理上重要な書類です。その一方で、慶弔金や公共交通機関での切符など、領収書の発行されないケースもあります。領収書を受け取ることができない場合には、取引が客観的に説明できるように記入した証明書類が必要となります。特定のフォームを作成し、必ず本人に書いてもらうようにします。

・慶弔金等の場合
　招待状や会葬礼状など、出席や参列した証拠となる書類に金額を書いて保存します。

・電車やバスなどの交通費
　交通費精算書などに、利用した交通機関、経路、金額の明細を書いて保存します。なお、電子マネーなどの利用明細も取引の証拠になります。

・その他の場合
　支払証明書などに支払日、支払事由、支払いの相手先、金額を書いて保存します。

少額の交通費を経費として処理するにはどうしたらよいのでしょうか。

経路や移動の目的などを記載した交通費精算書を作成して、交通費の内容を示しておく必要があります。

　たとえば、電車やバスなどの公共交通機関を利用して取引先との打ち合わせに向かうといった場合に、切符を購入したりバスの乗車を行ったとしても、領収書は基本的に発行されません。また、現在は電子マネーを利用して乗降するのが主流となっており、そのような場合にいちいち駅の窓口やバスなどで領収書を発行してもらうことは現実的ではありません。

　経費として処理するために、支払った証明としての領収書等の存在は重要です。しかし経費処理する上で重要な点は、その支出が事業に関係しているかどうかであり、支出の証明ができれば必ずしも領収書の形でなくてもよいのです。公共交通機関を利用した際の支出であれば、経路や移動の目的などを記載した交通費精算書のフォームを自分で作成し、それを継続して運用していれば、そのフォーム自体が支出を証明する資料として代用できます。

　このようなフォームを使用して支出を証明するときは、日付、利用した交通機関、移動区間、移動目的（取引内容）、金額を明記し、事業に関連した支出であることを明らかにします。ただし、飛行機、タクシー、新幹線などを利用して移動する際は、通常は支出額も高額になりますので領収書をもらうようにしましょう。

伝票を使用した仕訳の仕方について教えてください。

複式簿記のルールに沿って記入します。

　伝票といっても、項目にただ必要事項を書き込めばよいというわけではありません。伝票に記入する際は複式簿記の原則に従う必要があります。つまり、仕訳作業が必要なのです。入金伝票と出金伝票で重要なことは、勘定科目の項目が1つしかない点です。複式簿記であれば、借方と貸方の2つの勘定科目があるはずです。

　しかし、入金伝票は現金が会社に入ってくる取引を記録する伝票で、出金伝票は会社からお金が出ていく取引を記録する伝票と、初めから目的が決まっています。したがって、入金伝票の借方は現金、出金伝票の貸方は現金と初めから決まっていることになります。そこで、「現金」の勘定項目、つまり入金伝票の借方および出金伝票の貸方の勘定項目を省いているのです。

　それでは、入金伝票と出金伝票の具体的な記入方法について見ていきましょう。まず、「入金伝票」の図（99ページ）を参考にしながら、入金伝票の記載方法を見ていきます。設例は、10,000円の商品を販売し、代金を現金で受け取った場合です。複式簿記の仕訳では以下のように処理します。

　（借方）現金　10,000円　／　（貸方）売上　10,000円

　入金伝票では、借方が「現金」であると決まっていますから、貸方の勘定科目である「売上」のみを勘定科目欄に記入します。

第2章 ● 帳簿記載・電子帳簿保存法と簿記のしくみ　97

金額は借方・貸方とも同額の1万円となります。合計欄は、書き足しなどによる不正を防ぐ役割もありますので、忘れずに記入しましょう。そして、日付・Noなどその他の必要事項も記入します。入金先は、商品を販売した相手先の名前です。ただし一般消費者へ商品を販売する小売業の場合、固定客以外は特に記入しないことが多いようです。摘要欄には販売した商品名などを記入します。

　次に、図（次ページ）を参考にしながら、出金伝票の場合の記載方法を見ていきます。1,500円の文房具を現金で購入した場合を設例としています。文房具は、一般的には「事務用品費」に分類されます。複式簿記の仕訳では、以下のようになります。

（借方）事務用品費　1,500円　／　（貸方）現金　1,500円

　出金伝票では、貸方が「現金」と決まっています。そのため、借方の勘定科目である「事務用品費」のみを勘定科目欄に記入します。金額および合計欄は、借方・貸方とも同額で1,500円です。そして、日付・Noなど残りの項目を記入していきます。出金先は、文房具を購入した店の名前などを記入します。摘要欄には、たとえば「文房具」や、さらに具体的に「ボールペン」など、出金した内容について後から見てもわかるように具体的に記入します。

●**振替伝票の仕訳**

　入金伝票と出金伝票は、物やサービスの取引と同時にその代金である現金も取引されるというケースでした。しかし、物やサービスの取引と現金の取引との間に時間差がある場合や、現金が動かない取引の場合は、これらの動きを入金伝票や出金伝票で表現することができません。そこで活用されるのが振替伝票です。振替伝票は、現金取引以外の取引に関して記載する伝票です。勘定科目の項目が2つあるということ以外は、入金伝票や出金伝票と変わりありません。

　「振替伝票」の図（次ページ）を参考に、たとえば売掛金1万

円が普通預金の口座に振り込まれた場合の設例で、記載方法を見ていきましょう。

複式簿記の仕訳では以下のようになります。

（借方）普通預金　10,000円　／　（貸方）売掛金　10,000円

振替伝票のフォームには、「借方科目」「貸方科目」両方の記入欄と金額欄があります。つまり複式簿記の仕訳をそのまま表示させたものだといえます。借方に「普通預金」1万円、貸方に「売掛金」1万円と記入し、摘要欄には入金先の得意先名や商品名などを記入します。

後は入金伝票や出金伝票と同様、日付・No・合計などの必要事項を記入すると完成です。

■ **入金伝票・出金伝票・振替伝票**

「簡易帳簿」で記帳した場合では青色申告特別控除を受けることができないのでしょうか。

簡易帳簿での記帳の場合は10万円の青色申告特別控除が受けられます。

青色申告の65万円または55万円の特別控除を受けるには、「複式簿記」によって帳簿を記帳し、その記帳に基づいて作成した「貸借対照表」と「損益計算書」を添付した「（期限内提出の）確定申告書」を税務署に提出することが要件です。一方、「簡易帳簿」を備え付けている場合は、10万円の特別控除を受けることができます。「簡易帳簿」とは、原則として以下の帳簿をいいます。

① 現金出納帳

　事業用の現金の入出金と残高を取引順に記入した帳簿です。現金により売上や仕入を行った場合における、売上帳や仕入帳としての役割もあります。

② 売掛帳

　得意先ごとに口座を設定（帳簿に見出しをつけること）して、掛売りや回収状況を記入した帳簿を売掛帳といいます。得意先ごとの口座には、得意先の名称や住所、電話番号などを記入します。

③ 買掛帳

　仕入先ごとに口座を設定し、掛仕入やその支払状況を記入した帳簿です。仕入先ごとの口座には、売掛帳と同様、仕入先の名称、住所、電話番号などを記入します。

④ 経費帳

仕入以外の事業上の経費を取引ごとに記入した帳簿です。あらかじめ仕入以外の費用の科目の分類を決めておき、その科目ごとに口座を設定して記帳します。

⑤　固定資産台帳

建物や機械、車輌などの事業上の固定資産の取得、処分、減価償却費の額などを記入した帳簿です。

●65万円・55万円と10万円の特別控除

青色申告を選択した場合の記帳方法には３種類あります。複式簿記、簡易簿記、現金主義による記帳です。

複式簿記に基づいて作成した貸借対照表と損益計算書を添付した上で、確定申告書を期限内に提出し、電子的な要件を満たせば65万円、電子的な要件を満たしていなければ55万円の特別控除を受けることができます。ここで、電子的な要件とは、次のいずれかを満たした場合です。

・仕訳帳および総勘定元帳について、電子帳簿保存を行っていること

・所得税の確定申告書、貸借対照表および損益計算書等の提出を、e-Tax（国税電子申告・納税システム）を使用して行うこと

また、簡易帳簿によって記帳し、損益計算書だけを添付した確定申告書を期限内に提出した場合は、10万円の特別控除が受けられます。

なお、前々年の所得が300万円以下である場合で、所定の届出をした事業者は、実際に現金の入出金があったときに収入金額や必要経費を計上することができる所得計算が認められています。この所得計算を現金主義といいます。現金主義の場合は「現金出納帳」のみを記帳すればよいことになっています。このように、青色申告を選択し、現金主義により記帳している場合も、10万円の特別控除を受けることができます。

第2章 ● 帳簿記載・電子帳簿保存法と簿記のしくみ　101

 通帳の管理の仕方について教えてください。

 仕事用とプライベート用の通帳は分ける必要があります。

　仕事用の通帳をプライベートの通帳と分けている場合は、プライベートの入出金が混ざっている場合と比べて記帳を大きく簡便化することができます。また、口座からの出金が仕事によるものなのか、プライベートによるものなのかわからなくなってしまうこともありません。事業に屋号を使用している場合は、個人の名前の前に屋号をつけて口座を開設することができます。こうして開設した口座から経費の支払いを行い、売上の振込をしてもらうようにします。

　通帳からはさまざまな経費が引き落とされるので、時間が経つと何の費用であったかわからなくなってしまうことがあります。そこで、通帳にはすぐに書き込むクセをつけておくか、通帳の金額に対応する書類（請求書等）を整理して保管しておきましょう。

●入金についての注意点

　売上の記帳をより簡潔に行うためには、現金で受け取った売上代金をすべて預金口座に振り込むとよいでしょう。そうすれば、通帳からの記帳だけで売上をすべて拾うことができます。つまり、売上を記帳する際は現金出納帳を使わなくても、預金出納帳のみの入力で済むようになるのです。この際に注意すべき点は、「預金口座に入金した売上金額が何の商品か」「どこの取引先に対す

るものか」「いつの売上か」などがわかるように、領収書控えや請求書控えをきちんと保管しておくことです。領収書控えや請求書控えがあれば、いつのどんな内容の売上であったかをたどることができます。これらの領収書控えや請求書控えは、連番を振って管理するようにしましょう。もし請求書がデータで保管されているという場合は紙に打ち出し、同じく連番を振りましょう。

　売上代金として受け取った現金は、可能であればその日ごとに、難しければ2〜3日ごとにまとめて預金口座に入金しましょう。この際、小銭も含めてすべての売上代金を入金します。また、通帳には何月何日分の売上に該当するのかを書き込むようにしましょう。

●**出金についての注意点**

　事業用の現金残高が足りず、プライベートのお金から経費を支払ってしまうことがあります。このような場合に記帳が煩雑にならないようにするためには、使ったプライベートの金額分だけ仕事用の預貯金口座から引き出すという方法があります。この際、仕事用の通帳には支払った内容もしくは領収書と紐づけられるように番号など（領収書にも同じ番号を記載）を書き込んでおけば、経費を記帳する際に該当する領収書を見ながら入力することができます。このように処理しておけば、記帳するときは預貯金口座から支払った経費として、預金出納帳のみに入力すればすみます。ここで注意すべきことは、プライベートのお金から支払った金額すべてを、口座から引き出すということです。

　一方で、仕事用の預貯金口座から引き出したお金をプライベートで使用してしまうというケースもあります。この場合はプライベートに使用したことが後からもわかるように、すぐに通帳にメモし、区別できるようにしておきましょう。

第2章 ● 帳簿記載・電子帳簿保存法と簿記のしくみ　103

書類の作成と保管方法について教えてください。

書類は後から探しやすいように保管します。

書類には、見積書、契約書、発注書（注文書）、納品書、検収書、請求書、領収書など、取引の流れに沿って多くの種類があります。これらの書類は帳簿に入力する際に使用するだけでなく、参考情報として過去の取引条件や単価などを振り返って見るときにも使用します。そのため、書類は探しやすいように整理、保管しておく必要があるのです。また、帳簿と同じく書類も一定期間保存することが義務付けられています。青色申告者の場合、通帳や領収書といった現金および預金の取引に関係する書類は7年間、見積書や契約書などのその他の書類は5年間保存する義務があります。ある程度の期間保管しておくことを考えると、年度ごとに書類を取りまとめ、スッキリ整理しておきたいものです。

書類を整理するために、まず書類の種類ごとに挟み込むファイルを分けます。ファイリングする際は日付順に新しいものを上に重ねる方法が一般的です。取引先数が多い場合は、同じ種類の書類でも取引先ごとにファイルを分ける方法もあります。また、必要な書類を後からも探しやすいように、売上、仕入、経費、給与といった分類ごとにファイルを分けるとよいでしょう。

●売上に関する書類のまとめ方

取引先に商品などを販売した際は、販売代金を回収するために

請求書を発行します。請求書を発行する際は、忘れずに控えを取るようにしましょう。そして、請求書と同じように、請求書の控えにも連番を振って管理しておきましょう。請求書の控えをファイリングする際は、新しい請求書が上になるように下から日付順に重ねていきます。取引先が多い場合は、ファイルを取引先別に分けるとよいでしょう。頻繁な取引のない取引先については、その他の取引先としてまとめてファイリングします。

　請求を行った後、実際に取引先から販売代金を回収した際は、領収書を発行します。領収書についても、控えを残しておくことを忘れないようにしましょう。複写式の領収書を利用することで、領収書の作成と同時に領収書の控えも残せるようになります。もちろんパソコンなどで作成した領収書の控えをとっておくという方法でもかまいません。パソコンで作成した場合は、領収書と控えを同時に紙に打ち出し、原本と控えに割印を押しておくようにしましょう。ただし、銀行へ代金が振り込まれている場合は、領収書の発行が省略されることが多いようです。この場合は、通帳で振込を確認することができます。

　なお、5万円以上の代金について領収書を発行する際は、収入印紙を貼ることを忘れないようにしましょう。5万円以上の代金を受領する際の領収書は、印紙税の課税対象となるためです。印紙税額は受領する金額によって定められています。領収書に収入印紙を貼り、その上から消印を押すことで印紙税を納税したことになります。

●仕入・経費に関する書類のまとめ方

　物を購入したときやサービスの提供を受けたときに代金を支払った際は、領収書を受け取ります。領収書は、特に現金払いによる購入取引を帳簿に記帳する際に必要になってきます。領収書は放っておくと紛失してしまうリスクがあります。また、仕事用とプライベート用のどちらの用途に使ったものか、わからなく

第2章 ● 帳簿記載・電子帳簿保存法と簿記のしくみ　105

なってしまうことがあります。そのため、領収書は年末にまとめて整理するのではなく、毎週末ごとなど、こまめに整理していく必要があるのです。なお、電車の交通費など領収書を受け取らない経費もありますが、この場合は出金伝票を作成することで領収書の代わりとすることができます。

　領収書を整理する方法として、ノートなどの紙に日付順に貼り付けるというものがあります。この方法によると、領収書を見やすく整理でき、紛失も避けられます。もし、紙に貼るのは手間がかかりすぎてしまうという場合は、月別に封筒などにまとめて保管しておくとよいでしょう。

　仕入・経費に関する書類としては、領収書の他に、請求書や納品書があります。これらの書類は記帳の根拠資料となると同時に、過去の仕入条件や単価などの情報の参考資料として役立ちます。そのため、これらの資料もなくさないように、そして後から見つけやすいように整理しておく必要があります。

　請求書と納品書は別のファイルに分けて保管しますが、その整理方法は基本的には同じです。

　取引を頻繁に行う取引先については、その取引先ごとに1冊のファイルを作るとよいでしょう。そして、後から調べやすいように、日付順に、また新しいものが上に来るように請求書や納品書をファイリングします。一方、取引量が少ない取引先や単発の取引を行った取引先の場合は、その取引先ごとに1冊のファイルを作ってしまうとスペースのムダ使いになってしまうことがあります。そのため、このような取引先からの請求書や納品書については、「その他の取引先」として1冊のファイルにまとめます。こちらのファイルについても、書類をファイリングする際は日付順に、そして月別に分けるとスッキリ見やすくなります。

●契約書について

　契約書は取引を行う際の重要な書類です。口頭のみで取引を始めてしまうと、取引条件や支払条件などについて後々両者の言い分に齟齬が生じ、トラブルに発展しかねません。そのため、納品物、納品時期、検収方法、支払時期などの取引条件を明記した契約書を作成し、当事者同士で交わす必要があるのです。また、契約書はそもそもの契約の存在自体を証明する書類にもなります。このように取引条件を明文化した書類が当事者同士の手元にあれば、適時その書類で条件を確認することができ、スムーズな取引にもつながります。

　なお、契約書が課税文書に該当する場合は、印紙税がかかります。課税文書に該当するかどうかは、契約書の内容によって判断することになります。判断に迷う場合は、管轄の税務署に契約書を持っていき、課税文書に該当するかどうかを確認するのがよいでしょう。課税文書に該当する契約書を交わす場合は、収入印紙を貼り、消印をすることで印紙税を納税します。

　契約書はそれなりに厚みもあるため、クリアブックに入れるなどして保管するとよいでしょう。

　また、契約が継続しているものと契約がすでに終了しているものとでファイルを分けることで、後から検索しやすくなります。

■ 書類のまとめ方 ……………………………………………………

証憑書類		ファイリング
納品書 請求書 領収書　など	➡	● 日付別 ● 売上・仕入別 ● 取引先別　など

第2章 ● 帳簿記載・電子帳簿保存法と簿記のしくみ　107

帳簿作成上どんなことに注意したらよいでしょうか。

個人用の現金預金と事業用の現金預金を区別することなどが必要です。

帳簿の記帳に際しては次のような点に注意します。

① 個人用の現金預金と事業用の現金預金を区別すること

　帳簿を記帳する場合、個人用と事業用の現金預金を明確に区分することからスタートします。青色申告の記帳の対象は事業用の取引であり、個人用の取引は記帳する必要がないからです。個人の取引の記帳と内容把握は家計簿にまかせればよいのです。ところが、「帳簿が面倒」「なかなかつけられない」などという人に限って、個人用と事業用の現金預金を区別していません。このため、たとえば個人の住宅ローンを支払った場合も、事業主貸で処理しなければならなくなるのです。つまり、個人用と事業用の現金預金を区分できていないために、預金の動きを忠実に記帳しようとすると個人の取引まで記帳せざるを得なくなってしまうのです。このような個人用の部分を除外するだけでも記帳しなくてよい部分が広がります。

　では、どのようにして個人用と事業用の現金預金を明確に区別すればよいのかを確認します。

・事業用の現金の金庫を設けること

　事業用の現金保管用の金庫を用意し、その中に現金（たとえば10万円）を入れます。現金出納帳の残高も10万円からスタートします。

・事業用の預金口座を開設すること

　個人の通帳とは別に事業用の預金口座を開設します。なお、電気料・電話料などで家計と事業双方に共通して支出される経費は、なるべく事業用の口座から引き落とすようにします。電気料などの家事関連費を個人通帳から引き落とす場合は、年末に個人の通帳から拾い出して記帳しなければなりませんが、うっかり忘れやすいものです。そこで、事業用の通帳から引き落とすようにすれば、帳簿に記帳することになり、記録が残ります。年末には、個人負担分を按分して事業用経費から除外すればよいのです。

　なお、個人・事業間の現金預金の移動は事業主貸や事業主借といった勘定科目で処理します。

② なるべく預金を通すこと

　現金の入出金は記録が残りづらいので記帳もれが生じやすくなります。そこで、できるだけ通帳を通して取引をするようにします。たとえば、売上代金を現金で受け取らず預貯金の口座に振り込んでもらうようにします。また、仕入代金や経費の支払も同じように振込によって処理するようにします。

　この結果、預金通帳に入出金の記録が残るので後になっても取引状況がわかります。これに対して、現金による取引の場合は記

■ 個人用現金預金と事業用現金預金の区別 ....

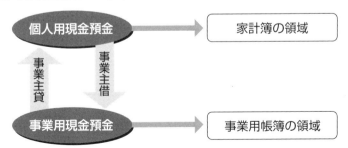

録が残りづらいので、後日取引状況を思い出すのが困難です。

③ 現金は小口現金制度を採用すること

　小口現金制度とは、定額（たとえば10万円）を残高として手元（金庫などに保管する）に置いておき、その中から日常的な経費の支払を行い、小口現金の残高が少なくなると、定額部分と残高の差額を補充する制度です。たとえば、経費などの支払の結果、小口現金の残高が1,500円になった場合に、10万円との差額である98,500円を預金通帳から引き出して小口現金に補充します。

　現金を支払ったときは必ず領収書などの証憑書類を受け取りますが、金庫内の現金残高と領収書などの金額を合計すると常に定額（10万円）になりますから、現金の管理が容易になります。

　なお、売上代金を現金で受け取った場合、小口現金とは別に管理し、すぐに預金口座に入金するようにしましょう。

④ 領収書の日付が会計処理の出金日ではない

　必ずしも領収書の日付で現金出納帳を記帳するわけではありません。たとえば、1週間の出張をして、帰ってから旅費を精算する場合、1週間分のさまざまな日付の領収書が混じっています。これを記帳する場合、領収書の日付を現金出納帳の出金日付にしてしまうと一時的にせよ現金がマイナスになってしまう日が出る

■ **小口現金制度** ···

領収書等　　　金庫内の現金残高　　　　　　　補充　　　預金

この合計が定額となる

可能性があります。以下の例で確認してみましょう。
・11月20日の現金出納帳残高　10,000円
・11月21日から11月26日まで出張し、合計で30,000円の経費を支出したが、全額個人で立て替えた。内訳は次の通りである。
　　11月21日　交通費12,000円
　　11月26日　宿泊代と交通費18,000円
・11月27日に上記経費を事業用金庫から精算した。ただし、現金残高がないので50,000円を通帳から引き出した。

　この例で、現金出納帳に領収書の日付順で記帳すると11月21日現在で、△2,000円（10,000円－12,000円）になります（△はマイナスのこと）。しかし、よくよく考えると事業用金庫から現金が出たのは11月27日であり、現金出納帳上の現金出金はこの日で行うべきなのです。そのため、現金出納帳には金庫内の現金が動いた時点で記帳するようにします。そして、そのつど残高を算出し、金庫内の実際の残高を数えて、帳簿上の残高と照合するのです。現金管理は会計管理の基本中の基本です。事業規模の小さいうちからしっかりとした現金管理の習慣を身につけましょう。

■ **現金管理の基本原則** ……………………………………………

 現金出納帳の作成ポイントを教えてください。

 現金の入出金、残高をもれなく記載することが大切です。

　現金出納帳は、現金の入出金、残高を記録する帳簿です。帳簿の記帳のポイントは以下の通りです。
① 事業用金庫内の現金の入出金にあわせて記録する
　現金出納帳は「現金」の入出金と残高を記録するものですので、金庫内にある現金の増減と残高をそのまま記帳しなければなりません。そのため、金庫内にある現金の日々の入金、出金金額と残高が、帳簿上に記載のある入金、出金、残高の金額と取引ごとに一致している必要があります。
② その日の実際残高と帳簿を照合する
　1日の営業が終わったら、その日のうちに現金出納帳に領収書などの証憑書類をもとに記帳し、以下のように本日帳簿現金残高を計算します。

| 前日帳簿現金残高＋本日入金－本日出金＝本日帳簿現金残高 |

　次に、金庫内の実際の現金残高を数えて金種表に記入します。
　金種表は、金種別に枚数を数えて、金種に枚数を掛けた金額を計算します。そして、それらの金額の合計と帳簿残高を照合し、一致していれば金額を記入して終了です。
　金額が不一致であれば、現金の数え間違いや帳簿の記載の誤り

がありますので、再確認して、訂正すべきものがあれば訂正します。

　もし、どうしても金額が一致しない場合は、「現金過不足」や「仮払金」「仮受金」などの勘定科目で処理をし、実際の現金残高に帳簿残高を合わせるようにします。後日不一致の原因が判明した場合は、判明した日付で振替伝票により正しい科目に振り替える処理をします。

　このように現金出納帳の残高と実際残高を合わせることによって、記帳もれを防止し、事業用の経費と生活費が混ざらないようにすることができます。さらに日常的な現金の扱いを従業員にまかせていた場合、その者の不正を防止できるなどのメリットがあります。

　現金商売の小売業や飲食業の場合の現金管理はどうすればよいでしょうか。まず、売上金からは経費の支出を行わず、受け取った売上金はすべて預金口座に入れるようにします。また、夜間金

■ 金種表サンプル

金種	枚数	金額
10,000円札		
5,000円札		
2,000円札		
1,000円札		
500円貨		
100円貨		
50円貨		
10円貨		
5円貨		
1円貨		
合計		

現金を数える

庫を活用するとか、金額が多い場合は翌日に預金口座に入金するようにします。

　このようにすることによって、基本的に売上代金は預金口座に振り込まれたものと同じ扱いになり、売上代金から経費の支出が行われることもありません。現金の取扱いは小口現金からの支出に限定され、記帳も簡単になります。仮に不正が起こっても小口現金残高の範囲内での被害となり、少額であるため損害を最小限に抑えることができます。

【現金に関する取引例（現金出納帳の記載例）】

① 　5月2日　　㈱××に対し、事務用品7,000円を現金で支払った。
② 　5月9日　　○○水道局に対し、○月分の水道料金2万円を現金で支払った。
③ 　5月10日　自動車税5万1,000円を現金により納付した。
④ 　5月11日　○○銀行の普通預金口座から8万円を引き出し、小口現金とした。
⑤ 　5月15日　㈱○○より、3月分の売掛金12万円を現金で受け取った。

■ 現金出納帳の記載例 ·······················

現　金　出　納　帳

月	年日	科　目	摘　　要	入　　金	出　　金	残　　高
5	1		前月より繰越			1 0 0 0 0 0
	2	消耗品費	㈱○○より事務用品購入		7 0 0 0	9 3 0 0 0
	9	水道光熱費	○月分の水道代支払い		2 0 0 0 0	7 3 0 0 0
	10	租税公課	自動車税納付		5 1 0 0 0	2 2 0 0 0
	11	普通預金	○○銀行より引出し	8 0 0 0 0		1 0 2 0 0 0
	15	売掛金	3月分の売掛金の入金	1 2 0 0 0 0		2 2 2 0 0 0

114

28 売掛帳の作成ポイントを教えてください。

「掛売上」と「入金状況」を取引日順ごとに記帳します。

　売掛帳は口座別（得意先別のこと）の売上金額、受入金額（入金額）、残高を記録する帳簿です。売掛帳の記帳のポイントを確認しておきましょう。

　売掛帳は、口座別（取引先ごと）に記帳し、その「掛売上」と「入金状況」を取引日順ごとに記帳します。なお、品名欄には、掛売上の場合は「商品名」、入金の場合は入金の態様（現金、預金、手形など）を記帳します。

　売掛帳を見れば、入金もれや売上計上もれを発見することができます。たとえば、取引先の入金条件が当月末締め翌月末入金であれば、当月末の残高は、当月掛売上高分だけのはずです。

　ところが、当月末残高が当月掛売上高より多い場合は、前月以前に掛売りした分のうち、入金がもれている部分があるか、または前月以前に計上した掛売上高の中に過大計上がある可能性があります。また、逆に当月末残高が当月掛売上高より少ない場合は、前月以前の掛売上高の計上がもれているか、または入金そのものが過大になっている可能性があります。

●掛売りの場合
　掛売りの場合、注文を受け、在庫があれば、納品書を起票し、これを添えて商品を出荷します。売掛帳はこの納品書に基づき記入し

第2章 ● 帳簿記載・電子帳簿保存法と簿記のしくみ　115

ます。締日ごとに、売掛帳をもとに請求書を作成し、売上先に請求します。その後入金が確認できれば、売掛帳の入金欄に記入します。

　なお、実務上は、納品書と請求書を複写式のもので同時に作成し、事務手続きを省力化していることが多いようです。

【売上に関する取引例（売掛帳の記載例）】

① 11月10日　㈱××商会に甲商品を単価2,000円で、数量300個掛けで売り上げた。

② 11月15日　㈱××商会から、売掛金のうち、100,000円を現金で回収し、500,000円は約束手形で回収した。

③ 11月18日　㈱××商会へ11月10日に掛売りした甲商品100個（単価2,000円）が返品された。

④ 11月22日　㈱××商会に乙商品10個（単価30,000円）を掛けにより売り上げた。

⑤ 11月30日　㈱××商会から、売掛金150,000円が普通預金口座に振り込まれた。

■ 売掛帳の記載例 ……………………………………………………

売　掛　帳

㈱××商会　殿

住所　東京都○○区○○町○丁目○番○号　　　電話　03-0000-0000
　　　　　　　　　　　　　　　　　　　　　　FAX　03-0000-0000

月	年日	品　名	数量	単価	売上金額	受入金額	残　高
11	1	前月より繰越					5 0 0 0 0 0
	10	甲商品	300	2,000	6 0 0 0 0 0		1 1 0 0 0 0 0
	15	現金入金				1 0 0 0 0 0	
	15	約束手形				5 0 0 0 0 0	5 0 0 0 0 0
	18	△返品　甲商品	△100	△2000	△2 0 0 0 0 0		3 0 0 0 0 0
	22	乙商品	10	30,000	3 0 0 0 0 0		6 0 0 0 0 0
	30	普通預金入金				1 5 0 0 0 0	4 5 0 0 0 0

# 買掛帳の作成ポイントを教えてください。

「掛仕入」と「支払状況」を取引日順に記帳します。

　買掛帳は口座別（仕入先別）の仕入金額、支払金額、残高を記録する帳簿です。買掛帳の記帳のポイントについて見ていきましょう。買掛帳は口座別（仕入先ごと）に記帳し、「掛仕入」と「支払状況」を取引日順に記帳します。品名欄には、掛仕入の場合は「商品名」を記載し、支払の場合は出金の態様（現預金、手形など）を記帳します。買掛帳をみれば、支払もれや仕入もれを発見することができます。

　たとえば、その仕入先の支払条件が当月末締め翌月末支払であれば、当月末の残高は、当月掛仕入高分だけ残っているはずです。

　ところが、当月掛仕入高よりも当月末残高が多い場合は、前月以前に掛仕入した分のうち、支払がもれている部分があるか、または前月以前に計上した掛仕入高の中で過大計上がある可能性があります。

　また、逆に当月末残高が少ない場合は、前月以前の掛仕入高に記帳がもれているものがあるか、または支払そのものが過大になっている可能性があります。掛仕入れの場合、注文したものが納品されれば、検収（納品された品物を検査して受け取ること）をして、検収書を作成します。

　実務上は、送られてきた納品書にチェックして検収書に代えることもできます。検収書をもとに買掛帳に記入します。締日後に

第2章 ● 帳簿記載・電子帳簿保存法と簿記のしくみ　117

請求書が届いたら、買掛帳と請求書を照合し、金額が合致するか確認した上で支払いをして、領収書を受領します。支払いをしたことを買掛帳の支払欄に記入します。実務上、請求書をもとに仕入を計上することが多いようですが、これでは請求ミスを発見することは困難です。

【仕入に関する取引例（買掛帳の記載例)】

① 11月10日　△△商事㈱から甲商品を単価1,500円で、数量500個掛けで仕入れた。

② 11月15日　△△商事㈱から請求書が届いた。買掛帳と照合の結果、買掛金のうち100,000円を現金で支払い、500,000円は約束手形を振り出して支払った。

③ 11月18日　△△商会㈱から10月に掛けで仕入れた乙商品50個について、50,000円の値引を受けた。

④ 11月22日　△△商事㈱から丙商品20個（単価15,000円）を掛けにより仕入れた。

⑤ 11月30日　△△商事㈱への買掛金200,000円を普通預金から振り込んだ。

■ 買掛帳の記載例

買　掛　帳

△△商事（株）　殿

住所　東京都○○区○○町○丁目○番○号

電話　03-0000-0000
FAX　03-0000-0000

月	年日	品　名	数量	単価	仕入金額	支払金額	残　高
11	1	前月より繰越					300000
	10	甲商品	500	1,500	750000		1050000
	15	現金入金				100000	
	15	約束手形振出				500000	450000
	18	△値引 乙商品	△50	△1000	△50000		400000
	22	丙商品	20	15,000	300000		700000
	30	普通預金支払				200000	500000

118

経費帳の作成ポイントを教えてください。

日々の経費の記録を勘定科目ごとに取引順に記帳します。

　経費帳は、経費科目別に日々の経費の支払・発生を記録する帳簿です。経費帳によって経費の科目別年間合計を把握します。科目別年間合計は青色申告決算書の「損益計算書」の経費欄に転記することになります。また、青色申告決算書の重要科目の内訳書の金額も、経費帳から合計額を転記することになります。次に、経費帳の記帳のポイントを見てみましょう。

① 経費の発生・支払状況を取引順に記帳する
　経費帳は日々の経費の記録を勘定科目ごとに、取引順に記帳します。摘要欄には、「相手先」「取引の内容」などを明記します。

② 関連帳簿にも記帳されているか確認する
　経費帳は、経費の支払を記録しますので、現金の支払や預金の支払、手形の振出しがそのつど発生します。
　このため、その他の関係帳簿とも照合して、以下のようなことがもれなく記帳されていることを確認します。
・現金で支払った場合は「現金出納帳」の出金欄に記帳されているか
・預金で支払った場合は「預金出納帳」の出金欄に記帳されているか
・手形を振り出した場合は「支払手形記入帳」に記帳されているか

③ 振替取引に注意する
　現金の出金が伴っている場合の経費帳の記帳方法はわりと簡単

第2章 ● 帳簿記載・電子帳簿保存法と簿記のしくみ　119

ですが、振替取引は少し複雑になります。振替取引とは、現金預金の入出金がからまない取引です。たとえば、振込手数料を差し引いて売掛金が入金される場合や、売掛金が貸倒れになる場合などです。

【売掛金の振込手数料差引入金のケース】

　売掛金100,000円のうち、振込手数料800円を差し引かれ、99,200円が普通預金に振り込まれた。仕訳は以下のようになる。
（借方）普通預金　99,200　　／　（貸方）売掛金　100,000
（借方）支払手数料 800

　この仕訳の場合、振込手数料（支払手数料）が経費に該当しますが、現金預金の支払いは直接的には生じていません。代わりに売掛金が振り替えられることで振込手数料が発生しているため、この取引は振替取引となります。

　簡易帳簿では、まず、売掛帳の受入金額欄に99,200円と記帳します。しかし、これだけでは振込手数料分だけ売掛金残高が過大となりますので、800円を同様に受入金額欄に記載します。このような振込手数料部分は出金していないので忘れがちですが、経費として発生したことには間違いありませんので、経費帳にも記載します。

【経費に関する取引例（経費帳の記載例）】

①　11月10日　○○建設に外壁修理代50,000円を現金で支払った。

②　11月15日　□□電力の10月分電気代25,000円が普通預金口座から自動引き落とされた。

③　11月20日　○○商会から売掛金が振込手数料800円を差引かれ普通預金に振り込まれた。

④　11月25日　□□百貨店から歳暮用品50,000円を現金で購

入した。

⑤　11月28日　▼▼商店から事務用品5,000円を現金で購入
　　　　　　　した。

⑥　11月30日　専従者給与を現金で支払った。支給額は20万円、
　　　　　　　源泉所得税として徴収した額は1万円である。

■ 経費帳の記載例 ·······························

修　繕　費

月	年日	摘　　要	金　額
11	10	○○建設　外壁修理代	5 0 0 0 0

水道光熱費

月	年日	摘　　要	金　額
11	15	□□電力　10月分　××銀行普通預金口座より自動引落	2 5 0 0 0

支払手数料

月	年日	摘　　要	金　額
11	20	○○商会　振込手数料	8 0 0

接待交際費

月	年日	摘　　要	金　額
11	25	□□百貨店　歳暮贈答品代（贈答先は別紙明細参照）	5 0 0 0 0

消耗品費

月	年日	摘　　要	金　額
11	28	▼▼商店　事務用品代	5 0 0 0

専従者給与

月	年日	摘　　要	金　額
11	30	妻へ　11月分専従者給与支払（源泉所得税10,000）	2 0 0 0 0 0

第2章 ● 帳簿記載・電子帳簿保存法と簿記のしくみ　121

固定資産台帳の作成ポイントを教えてください。

個々の固定資産ごとに記帳し、減価償却費を計上します。

　固定資産台帳は、個々の固定資産の取得、減価償却、除却・売却、未償却残高を記録する帳簿です。固定資産台帳によって、減価償却費の年間合計を把握します。年間合計金額は青色申告決算書の「減価償却費の計算」の欄に内容を記載することになります。

① 固定資産の取得のつど個別に記帳する

　固定資産台帳は個々の固定資産の減価償却などの状況を把握するための帳簿で、個々の固定資産ごとに記帳します。耐用年数や償却率については、固定資産の種類などによって定められているため、耐用年数表から該当するものを選択して記入します。

　また、中古資産の取得であれば「中古資産」と明記します。ⓐ特別償却を適用するのであれば、「その旨」と「該当条文」、ⓑ除却、売却をした場合は、「その旨」を記載します。

② 減価償却を行う

　固定資産は、取得価額を耐用年数によって配分して経費化していきます。この手続きを「減価償却」といいます。減価償却費は、年間の予定額（概算の額でよい）を毎月分割計上しておくことが望ましいのですが、小規模事業者であれば年1回の計上でも十分です。

　定額法であれば、取得価額に定額法の償却率を乗じて計算します。また、定率法を採用するのであれば、固定資産の未償却残高

に定率法の償却率を乗ずることで算出します。同じ耐用年数であっても、定額法と定率法では償却率が異なることに注意が必要です。さらに、年度の途中に固定資産を取得した場合は、1年間のうち所有している期間に対応した減価償却費を算定します。

たとえば、7月1日に取得し、使用開始した固定資産であれば、その年1年間の減価償却費に6か月/12か月を乗ずることでその年の減価償却費を計算します。個人事業者の場合、家事と事業に共通して使用している固定資産（店舗併用住宅や車輌など）の減価償却費は、事業使用割合分だけが必要経費として認められますので調整が必要です。

③　年に1度は現物確認をする

固定資産は少なくとも年1回は現物を確認し、その状況を調査の上、現況にあわせて除却するなどの適切な処理を行うようにします。

【固定資産台帳の記載例】

①　11月10日　○○自動車販売から乗用車（新車）2,000,000円を現金で購入した（設例簡便化のため付随費用は省略）。

②　12月31日　決算にあたり、固定資産（乗用車）の減価償却を実施した。なお、家庭でも一部使用するため、事業専用割合は80％と見積もった。

■ 固定資産台帳 ・・・

固定資産台帳

								取得年月日	令和2年11月10日	償却方法		定額	
	種　類	車輌運搬具						所在		償却率		0.167	
	構　造	乗用車						耐用年数		6			

減価償却 年　分	数量又は面積	⑦ 取得価額	⑨ 償　却　費	⑪本年中の償却 期　間	⑫本年分の普 通償却費 (⑨×⑪)	ホ 割増（特別） 償　却　費	⑬本年分の 償却費 (⑫＋ホ)	⑭事業 専用 割合	⑮本年分の必要 経費算入額 (⑬×⑭)	㋬ 未償却残高 (期末残高)	備　考
2　年分	1	2 0 0 0 0 0 0	3 3 4 0 0 0	2- 12-月	5 5 6 6 6	0	5 5 6 6 6	80	4 4 5 3 2	1 9 4 4 3 3 4	
年分				──月							
年分				──月							
年分				──月							

第2章 ● 帳簿記載・電子帳簿保存法と簿記のしくみ　123

債権債務等記入帳の作成ポイントを教えてください。

簡易帳簿を補足するために必要とされる債権債務を記録します。

　簡易帳簿によって記帳をしている事業者が65万円または55万円の青色申告特別控除の適用を受ける場合には、債権債務等記入帳が必要になります。債権債務等記入帳は、簡易帳簿を補足するために必要とされる債権債務などを記録する帳簿です。債権債務等記入帳の残高は青色申告決算書の貸借対照表の該当勘定科目欄に転記します。債権債務等記入帳には、預金出納帳、受取手形記入帳、支払手形記入帳、特定取引仕訳帳、特定勘定元帳がありますが、ここでは預金出納帳と手形記入帳の解説にとどめて、他は記載例を例示することにします。

① 　預金出納帳は預金通帳から記入する

　預金出納帳は、預金の口座別に記帳し、各預金の入出金と残高を把握する帳簿です。普通預金は原則として通帳を見て作成しますので簡単なようですが、多少注意が必要です。たとえば、通帳の表示では、借入金の返済が元利合計で表示されることが多いようですが、元金と利子（支払利息）は別々にして考える必要があります。借入金の元金返済額は経費になりませんが、支払利息は経費になります。このため、通帳上は一括表示であっても、預金出納帳の記帳は借入金の元金返済額と利子の支払を分けて記帳するようにします。

また、同様に、給与を振込で支給している場合は、源泉所得税や社会保険料の徴収額を差し引いた後の実際の支払金額が通帳に表示されます。この場合、預金出納帳上は、いったん給料を全額支給し、同時に源泉所得税などを預かったというように記帳します。

　なお、小切手を振り出したことによる当座預金の減少は小切手を振り出した日に記帳しなければなりません。このため、銀行口座から実際に引き落とされた日とのタイムラグが生じますが、それは、銀行勘定調整表を作成して把握することになります。

②　受取手形記入帳は受け取った手形を見て記帳する

　受取手形記入帳は、受け取った手形を見て記入します。手形が決済されて預金口座に入金された場合、「手形決済金額」欄に記入し、「受手残高」を計算し、記入します。年末の受手残高を青色申告決算書の貸借対照表の「受取手形」欄に転記します。

　なお、手形の場合、定期的に現物と帳簿残高を照合し、一致していることを確認しなければなりません。銀行に取立依頼している場合もありますので、厳密な手形残高は、「手持ちの手形＋取立依頼高」と合致することになります。

　支払手形記入帳は、手形を振り出したら手形控えをもとに記入します。また、決済のため出金された場合、「手形決済金額」に記入し、「支手残高」を計算し、記入します。年末の支手残高を青色申告決算書の貸借対照表の「支払手形」欄に転記します。手形控えは定期的にこの帳簿残高と照合し、一致していることを確認しなければなりません。

【帳簿の記載例】

①　１月20日　　○○電気よりローン（○回払）で250,000円
　　　　　　　　のパソコンを購入した。

②　11月18日　　借入金の当月返済分が普通預金より引き落と

		された。引落額は105,000円であるが、この
		うち5,000円は借入利子(支払利息)である。
③	11月30日	○○商会から、売掛金のうち、500,000円を約束
		手形で回収した。手形の満期は1月31日である。
④	11月30日	△△商事に仕入代金500,000円を、約束手形
		を振り出して支払った。手形の満期は2月28
		日である。

■ 記載例 ....

特定取引仕訳帳

年		摘　要	借　方		貸　方		備　考
月	日		勘定科目	金　額	勘定科目	金　額	
1	1	期首商品棚卸高	仕入	300000	繰越商品	300000	
	20	パソコン購入	器具及び備品	250000	未払金	250000	

預 金 出 納 帳

○○銀行□□支店　△△預金

口座番号　○○○○○○

年		摘　　要		入　　金		出　　金		預金残高
月	日	相手勘定	内　容	売　上	その他	仕　入	その他	
11	1		前月より繰越					300000
	18	借入金	借入金返済				100000	
	〃	支払利息	同利息				5000	195000

受取手形記入帳

年		摘　　要		手形受入金額		満期日	手形決済金額	受手残高
月	日	相手勘定	内　容 (取引内容、手形種類・番号、支払 人、支払場所など)	売　上	その他			
11	1		前月より繰越					600000
	30	売掛金	○○商会　売掛金決済		500000	1 31		1100000

支払手形記入帳

年		摘　　要		手形振出金額		満期日	手形決済金額	支手残高
月	日	相手勘定	内　容 (取引内容、手形種類・番号、受取 人、支払場所など)	仕　入	その他			
11	1		前月より繰越					1000000
	30	買掛金	△△商事　買掛金決済		500000	2 28		1500000

既存事業者ですが、記帳開始時期について教えてください。青色申告が適用されるには、いつまでに届け出ればよいのでしょうか。

1月1日〜12月31日の帳簿を記帳し、書類を保存します。

　既存の白色申告者が青色申告を適用したい場合には、3月15日までに「所得税の青色申告承認申請書」を提出すれば、その年分から青色申告を適用することができます。

●記帳開始時期はどうするか

　白色申告者が青色申告者になった場合の問題は、1月1日から承認申請書の提出日までの帳簿をどうするかです。提出日までの帳簿はいらないのではないかという疑問もあると思いますが、所得税法上、青色申告を適用するためには、その年分（1月1日〜12月31日）の帳簿を記帳し、書類を保存していなければなりません。

　このため実務上は、承認申請書の提出日までの帳簿は、後から作成することになります。帳簿を作成する前提として、前年末の棚卸資産や諸勘定科目の残高と内容を整理し、それを記録しなければならないことになっています。

　そこで、青色申告の承認申請は3月15日までとはいっても、青色申告を適用するかどうかは早めに意思決定（前年末までがよい）し、必要な記録を保存しておくようにしましょう。

●前年末の貸借対照表がスタートとなる

　棚卸資産その他の諸勘定科目の残高の整理とは前年末の貸借対照表の金額を明らかにすることです。具体的には、次のような帳

簿や書類をもとに明らかにしていきます。

・現金 … 前年末の現金出納帳の残高（実際残高と照合する）

・預金 … 前年末の普通預金通帳、証書の残高

・受取手形 … 受取手形記入帳、手形（現物）、手形割引依頼書など

・売掛金 … 売掛帳、請求書控え

・棚卸資産 … 実地棚卸（189ページ）を行って、在庫金額を確定する

・固定資産 …「減価償却費の計算」と「固定資産台帳」（122ページ参照）

・支払手形 … 支払手形記入帳、手形控え

・買掛金 … 買掛帳、請求書など

・借入金 … 借入金返済予定表

・元入金 …「資産の部合計－負債の部合計」で計算する以上の結果、「科目内訳書」を作成して保存しておきます。また、この金額が帳簿上のスタートの金額（前期繰越）になります。

■ 科目内訳書から各帳簿への転記 ……………………………

科目内訳書

科目	明細／内容	金額
売掛金	○○商会	200,000
〃	◆◆商事	150,000

（売掛帳）

7　　　　　　　（株）○○商会 殿

住所 東京都○○区○○町○丁目○番○号　　電話 （03）0000-0000　　FAX （03）0000-0000

××年 月 日	品　名	数量	単価	売上金額	受入金額	差引残高
1 1	前年より繰越					200000

第3章

青色申告制度の活用法

 **専従者給与の活用法を教えてください。**

 家族に支払った給与を経費にすることができます。

　独立して個人事業を行う場合、家族の物心両面にわたる協力がなければ、なかなかうまくいかないものです。しかし、所得税法という法律では、家族の協力についてあまり考慮していません。
　日本の所得税法は、所得が増えれば増えるほど高い税率を適用するという方式をとっています。そのため、所得を何人かの家族に分散させた場合、一人ひとりの所得が低くなった結果、低い税率が適用されることになり、家族全体の所得税が減少してしまいます。そこで、所得税法では意図的な所得分散を防止するために家族の働きは考慮しないという考え方をとっているのです。
　ただ、他の従業員と同じように事業に協力している家族については、その家族の適正な給与まで経費として認めないのは酷です。そのため、青色申告に限って例外を認めるとしています。これが「専従者給与」の制度です。青色申告で最も大きなメリットは、この「専従者給与」を経費に計上できることです。
　専従者給与を必要経費に算入するためには、次の要件が必要です。
①　あらかじめ税務署に「青色事業専従者給与に関する届出書」を提出し、その範囲内で支給した給与であること
　専従者給与を必要経費に算入するためには、まず、所轄税務署に必要事項を記入した「青色事業専従者給与に関する届出書」を

届け出ることが必要です。届け出た範囲内の支給額が必要経費として認められます。また、専従者給与を変更する場合（支給額を増額したいとき）には、「青色事業専従者給与に関する変更届出書」を提出しなければなりません。ただ、給与額を変更するたびに変更届を提出するのも面倒ですので、あらかじめ「月額○○万円以内」と届けておけば、その範囲内で変更することもできます。

② **原則として6か月を超える期間において「専従」すること**

専従者（家族従業員）は原則として6か月（従事できると認められる期間の2分の1）を超えてその事業に専属的に従事（専従）することが必要です。たとえば、他の仕事をしていたり、他の会社などから給料をもらっている場合は専従者とすることはできません。

また、子ども（大学生）を夏休み中などに手伝いをさせて、給料を支払ったとしても専従者としては認められませんので、その額を必要経費に算入することはできません。

なお、年齢が15歳未満（確定申告の対象となる年の12月31日現在で判断する）の親族への青色事業専従者給与は認められません。また、青色事業専従者になると配偶者控除、扶養控除は適用できなくなります。

③ **支給額は適正額であること**

専従者給与は実際に支払った金額についてしか認められません。実際仕事をしていない場合は、専従者給与として認められません。

また、仕事の内容や複雑さの程度、経験などを考慮し、不相当に高額である場合も認められません。つまり、同様の仕事を他の使用人にさせた場合に支払う給与が基準になります。家族間については恣意的になりがちなため、このような基準を置いているのです。ただ、一般の使用人であれば、週40時間労働（1日8時間、週休2日）でよいかもしれませんが、家族となれば、休みもなく

第3章 ● 青色申告制度の活用法　131

働かざるを得ない場合もあるでしょう。そのような事情も考慮して適正な給与の額を決定すべきだといえます。

なお、青色事業専従者給与を適用すると、青色事業専従者給与と配偶者控除・配偶者特別控除・扶養控除との差額分に対する所得税が減少します。

■ 青色事業専従者給与を適用した場合の節税効果の例 …………

設例

青色事業専従者給与控除前所得	800万円
所得控除合計額（配偶者控除を除く）	200万円
青色事業専従者給与	300万円

※説明の便宜上、青色申告特別控除を省略

1 青色事業専従者給与を控除しない場合の所得税額

青色事業専従者給与控除前所得	800万円
所得控除	−200万円
配偶者控除	− 38万円
課税所得	562万円

所得税額
562万円×20%−42万7,500円＝69万6,500円

2 青色事業専従者給与を控除した場合の所得税額

青色事業専従者給与控除前所得	800万円
青色事業専従者給与	−300万円
所得控除	−200万円
課税所得	300万円

所得税額
300万円×10%−9万7,500円＝20万2,500円

節税額 49万4,000円

◎所得税は累進税率なので、専従者給与を支給することで、設例のように所得に対する税率が下がれば、より節税効果が高まる

◎所得には所得税だけでなく、住民税や事業税も課税される。これらの節税額を合わせると節税効果はさらに高まる

複式簿記で記帳するとどのような優遇措置・特典があるのでしょうか。

最大で65万円の青色申告特別控除を受けることができます。

　青色申告を適用すれば簡易帳簿であっても10万円の青色申告特別控除を適用できます。また、複式簿記で記帳すれば、最大で65万円の青色申告特別控除を受けることができます。青色申告特別控除を適用すれば、その分課税所得を減らすことができます。つまり、結果的に所得税などを節税することができるのです。

■ **青色申告特別控除を適用した場合の節税効果の例**

設例
　青色申告特別控除前所得　　　800万円
　所得控除合計額　　　　　　　200万円
　青色申告特別控除　　　　　　 65万円

1　青色申告特別控除を適用しない場合の所得税額

青色申告特別控除前所得　　　　　800万円
所得控除　　　　　　　　　　　－200万円
課税所得　　　　　　　　　　　　600万円
↓
所得税額
　600万円×20％－42万7,500円＝77万2,500円

2　青色申告特別控除を適用した場合の所得税額

青色申告特別控除前所得　　　　　800万円
所得控除　　　　　　　　　　　－200万円
青色申告特別控除　　　　　　　－ 65万円
課税所得　　　　　　　　　　　　535万円
↓
所得税額
　535万円×20％－42万7,500円＝64万2,500円

節税額 13万円

第3章　● 青色申告制度の活用法　133

必要経費となる家事関連費用について教えてください。

支払った費用のうち、事業に関係する部分を按分するなどの合理的基準によって区分します。

　事業と家事で区分せずに一体として支出される経費のことを家事関連費といいます。たとえば、店舗併用住宅で仕事をする事業者が支払う電気料などがこれにあたります。

　青色申告では、帳簿などの記録によって業務を行う上で直接必要であることが明らかにされていれば、その部分の金額は必要経費とすることができます。たとえば、店舗併用住宅の場合、電気料を「店舗と住宅の面積比」や「使用時間割合比」で按分するという方法が合理的な区分だといえます。

　これに対して、白色申告の場合は、家事関連費の主たる部分が事業を行う上で必要であることを明らかに区分できる場合に、その部分に限って必要経費に算入するとされています。つまり、青色申告の要件のほうが緩やかなのです。

　なお、「主たる部分」とは、「当該業務の遂行上必要な部分が50％を超えるかどうかにより判定する」（所得税基本通達45－2）としています。

　ただ、実務上は、これ以下であっても事業上必要な部分を明らかに区分できる場合は、必要経費に算入してもかまわないものとされています。そこで、実務的には青色申告であっても白色申告

であっても、同様の取扱いがなされており、青色申告と白色申告との実質的な違いはありません。

■ **青色申告の家事関連費の扱い**

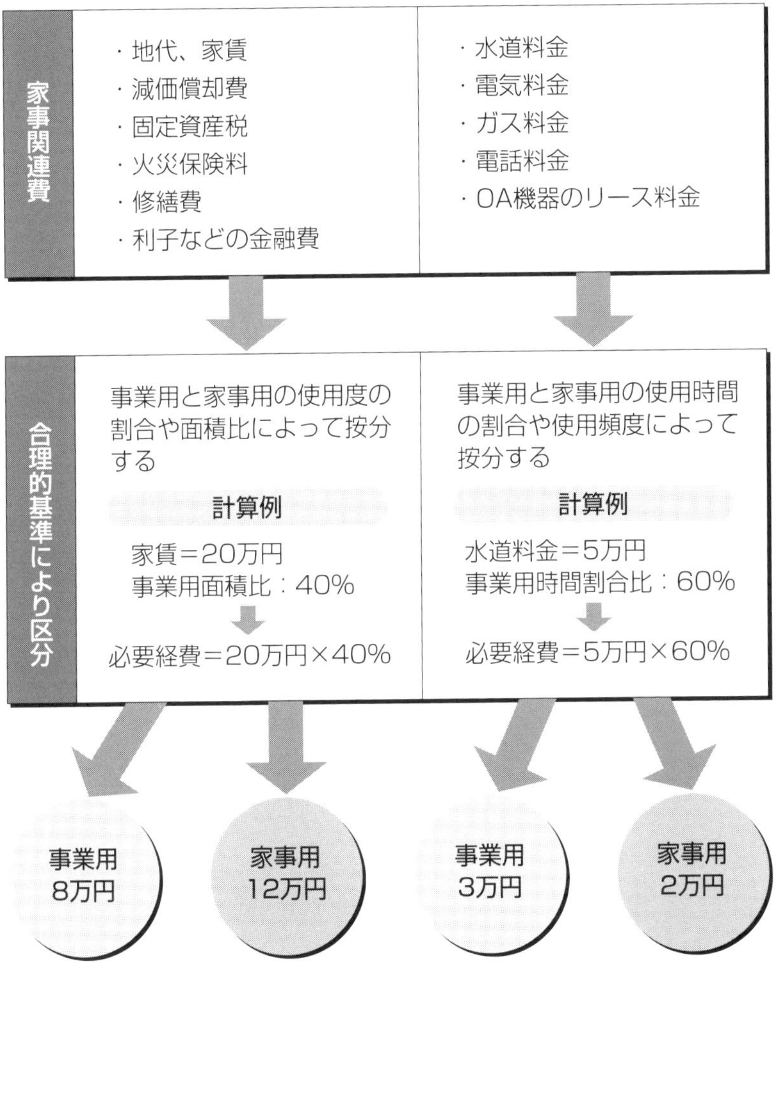

| 家事関連費 | ・地代、家賃
・減価償却費
・固定資産税
・火災保険料
・修繕費
・利子などの金融費 | ・水道料金
・電気料金
・ガス料金
・電話料金
・OA機器のリース料金 |

| 合理的基準により区分 | 事業用と家事用の使用度の割合や面積比によって按分する
計算例
家賃＝20万円
事業用面積比：40%
↓
必要経費＝20万円×40% | 事業用と家事用の使用時間の割合や使用頻度によって按分する
計算例
水道料金＝5万円
事業用時間割合比：60%
↓
必要経費＝5万円×60% |

事業用 8万円　家事用 12万円　事業用 3万円　家事用 2万円

第3章 ● 青色申告制度の活用法　135

棚卸資産の評価方法における優遇措置について教えてください。

6つの評価方法があります。

　商品として仕入れたものの、その期のうちに売れなかった商品、つまり在庫のことを棚卸資産といいます。

　棚卸資産の評価方法によって所得金額も変わってきますので、その時々の恣意性を排除するために、評価方法を定めて選択適用するようにしています。年末に在庫として残った棚卸資産の評価は原則として、「原価法」によって行います。原価法は、購入したときの単価で棚卸資産を評価する方法です。

　原価法にはさらに、①個別法、②先入先出法、③総平均法、④移動平均法、⑤最終仕入原価法、⑥売価還元法の6つの方法があります。このうち、①～④は継続記録（商品別にその入出庫や残高を帳簿で把握すること）が前提になります。これに対して、⑤の最終仕入原価法は継続記録を必要とせず、小規模事業者でも適用できるものです。所得税法では、「最終仕入原価法」を法定の評価方法として定めています。そのため、棚卸資産の評価方法の届出をしなかった場合には自動的に最終仕入原価法が適用されることになります。

　青色申告の場合は、原価法の他に低価法を適用することもできます。低価法は、年末に残った棚卸資産の時価が取得原価よりも低くなっている場合に、その時価で評価してもよいという評価方法です。棚卸資産の評価額が低くなれば、結果として所得金額が

減りますので、所得税も減らすことができます。

　低価法による時価とは、その年末において通常取引されている仕入価額をいいます。

●棚卸資産の評価方法の届出

　棚卸資産の評価方法を選択し、届け出る場合の提出期限は次の通りです。

① 新規開業の場合

　開業した翌年の３月15日

② 変更する場合

　変更しようとする年の３月15日

　たとえば、令和７年から低価法を適用しようとする場合は、令和７年３月15日までに所轄税務署に届出をします。

●低価法を適用した場合の節税効果

　低価法を適用すれば、原価法による評価額と低価法による評価額との差額分の所得が減少します。そのため、この減少所得に所得税率を乗じた額の所得税が減少します。

　たとえば、差額が200万円で、税率が30％であれば、60万円の所得税が減少します。

■ 節税効果のある低価法 ‥‥‥‥‥‥‥‥‥‥‥‥‥‥‥‥‥‥‥‥

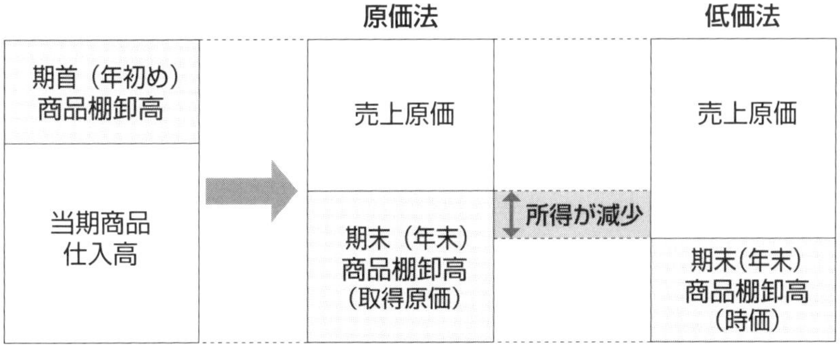

	原価法	低価法
期首（年初め）商品棚卸高	売上原価	売上原価
当期商品仕入高	期末（年末）商品棚卸高（取得原価）〔所得が減少〕	期末（年末）商品棚卸高（時価）

第３章 ● 青色申告制度の活用法　137

減価償却とはどのようなものなのでしょうか。

あらかじめ耐用年数が決まっています。

建物やその附属設備、機械装置、車両などの固定資産は時の経過によってその価値が減っていきます。このような資産を減価償却資産といい、価値の減少とともに費用計上します。一方、時の経過により価値の減少しない土地や骨とう品などの固定資産は減価償却資産ではありません。したがって、これらは費用処理は行われません。

減価償却資産の取得にかけた費用は、取得した時に全額必要経費になるものではなく、その資産の使用可能期間（耐用年数）の全期間にわたり分割して必要経費としていくべきものです。税法上、耐用年数はあらかじめ定められています（法定耐用年数）。減価償却とは、減価償却資産の取得に要した費用を一定の方法によって各年分の必要経費として配分していく手続きのことです。

減価償却は、①取得原価（購入したときの価額）、②耐用年数（使用可能期間）の2要素で計算します。

なお、法人税法では、減価償却するかどうかは任意です（減価償却をしてもしなくてもよい）が、所得税法については強制です。

①の取得原価は原則として購入時の価額（購入諸費用なども加算します）です。

有形固定資産の減価償却の方法には、定額法（平成19年3月31

日以前に取得した場合は旧定額法）と定率法（平成19年3月31日以前に取得した場合は旧定率法）の2つの方法があります。このうち、定額法は毎年同額の減価償却費を計上する（年の中途で取得・除却した場合を除く）方法です。具体的には、以下の算式によって償却費を求めます。

取得原価×定額法の償却率

これに対して、定率法は初めの年ほど償却費の額が多く、年とともに償却費が減少していく償却方法です。定率法の場合、以下の算式によって償却費を求めます。

未償却残高×定率法の償却率

※ただし、未償却残高が償却保証額よりも少なくなった年以降は、改定取得価額×改定償却率を利用

未償却残高とは、取得価額から前年までに償却した累計額を差し引いた金額のことです。定額法、定率法、いずれにおいても、償

■ **減価償却とは** ･･

機械や建物などの価値は、使用または期間の経過により減少する

取得価額を購入時に費用化するのではなく、
耐用年数にわたって費用化する

減価償却

| 会計期間Ⅰ | 会計期間Ⅱ | 会計期間Ⅲ | 会計期間Ⅳ |

機械等の取得価額

第3章 ● 青色申告制度の活用法　139

却期間の最後の年には備忘価額1円を控除した償却費を計上します。

　なお、定率法は毎期の決算期末に未償却残高に償却率を掛けて減価償却費を計上するため、この計算をし続ける場合には、いつまでたっても未償却残高が残ってしまうという状況になります。そこで、未償却残高が一定の額（償却保証額）よりも少なくなる場合には、その後の期間は「改定取得価額×改訂償却率」という計算を行うことで、定額法に近い方法で償却計算を行うことになります。

●減価償却方法の届出

　所得税法上の減価償却の法定償却方法は定額法です。そのため、定率法を適用しない場合には、届出書を提出しなくてもよいことになります。しかし、逆に定率法を適用する場合には次の期限までに届出書を提出することが必要です。

① 　新規開業の場合…開業した翌年の3月15日

② 　変更する場合…変更しようとする年の3月15日

　たとえば、令和7年から定率法を適用しようとする場合は、令和7年3月15日までに所轄税務署に届出します。

　なお、平成10年4月1日以後に取得した建物の償却方法は、定額法が強制されます。また、平成28年4月1日以後に取得した建物附属設備および構築物の償却方法も定額法が強制されます。

■ 耐用年数による減価償却額の違い

	定額法による 減価償却費	定率法による 減価償却費	差　　額
1 年 目	200,000	400,000	200,000
2 年 目	200,000	240,000	40,000
3 年 目	200,000	144,000	△ 56,000
4 年 目	200,000	108,000	△ 92,000
5 年 目	199,999	107,999	△ 92,000

定額法と定率法について教えてください。

定額法は毎年同額の減価償却費が計上され、定率法は初期に減価償却費が多く計上され、その後徐々に減少していきます。

　定額法と定率法の毎年の減価償却費の額のイメージは表（次ページ）の通りです。定率法は、取得時から耐用年数の半ばまでは、定額法より多くの減価償却費を計上することができますが、耐用年数の後半は定額法より少なくなります。

　定額法の場合は、取得価額をもとに毎年計上される減価償却費が均等になるように計算されます。つまり、耐用年数を通して、基本的に毎年同じ金額の減価償却費が計上されていきます。一方で、定率法の場合は、未償却残高（まだ減価償却されていない固定資産の残高）に償却率を乗ずることで減価償却費を算出します。毎年減価償却が行われるのにあわせて未償却残高もどんどん減少していくことになるため、毎年の減価償却費もそれに応じて減少していきます。耐用年数の後半になると、定額法による減価償却費が定率法による減価償却費を上回るのはこのためです。

　短期的に考えれば、取得初期に多額の減価償却費を計上できる定率法のほうが有利になりそうです。

　たとえば、取得価額100万円、耐用年数5年の場合の定額法と定率法の毎年の減価償却費を比較してみましょう（前ページの表参照）。

第3章 ● 青色申告制度の活用法　141

1年目（定額法：200,000円、定率法：400,000円）だけ見れば、定額法より定率法のほうが、200,000円分償却費を多く計上できますので、この200,000円に税率を掛けた額の所得税を減らすことができます。

　確かに、固定資産取得時に資金支出となる税金の支払いをなるべく減少させることは資金面では有利です。しかし、所得税は累進課税を採用しており、所得によって税率が増減しますので中長期的な観点から見れば、単純に定率法が有利とはいいきれない場合もあります。

　たとえば、1年目は開業初年であるため、所得も少なく最低税率（5％）が適用されても、5年目は順調になって、所得も増加し、45％の最高税率が適用されることも考えられます。つまり、通算で見た場合、定額法のほうが有利になる場合もあるのです。

　このため、固定資産の減価償却方法を選択する場合には十分に検討して決定することが大切です。

■ 定額法と定率法の償却イメージの比較

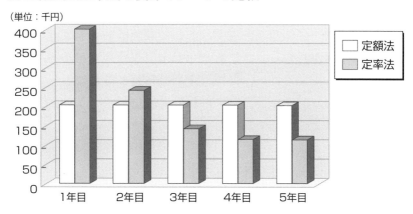

 少額資産の取扱いや償却方法について教えてください。

 通常の減価償却、3年均等償却、必要経費に算入のいずれかが考えられます。

　減価償却資産を取得しても、①使用可能期間が1年未満、②取得価額が10万円未満のいずれかに該当する場合には、取得時に必要経費に算入できます。取得価額が10万円以上20万円未満の場合は次のいずれかによります。
ⓐ　通常の減価償却資産として法定耐用年数で償却する
ⓑ　一括償却資産として3年均等償却をする
ⓒ　必要経費に算入する（青色申告者）
　一括償却資産とは、取得価額が20万円未満の固定資産です。さらに、30万円未満の減価償却資産については、合計金額が300万円に達するまでは、青色申告者に限り一括して必要経費に算入することができます。このため、取得価額10万円以上20万円未満の固定資産については上のⓐⓑⓒのいずれかの方法により経費化することになりますが、単年だけの節税効果を見ると、ⓒ→ⓑ→ⓐの順で効果が高いといえます。なお、固定資産の取得金額の判定については、消費税の会計処理を税込方式で行っている場合は、税込価額で判定し、税抜方式で処理している場合は、税抜価額で判定します。そこで、税抜方式のほうが、節税上有利になります。

●**少額減価償却資産**はどのように償却したらよいのか
　少額減価償却資産（取得価額10万円以上20万円未満の資産）の

必要経費への算入方法と実際の算入額について、以下の具体例で
考えてみましょう。

・取得価額　　　　150,000円（税抜き）
・取得月日　　　　1月20日
・法定耐用年数　　4年
・償却方法　　　　定額法
・償却率　　　　　0.250

　前述したように、青色申告者の場合、30万円未満の固定資産に
ついては、取得して使用を開始した年に一括で必要経費に算入す
ることができるため、本例では3つの償却方法があります。

　3つの方法のそれぞれの経費算入額は下表のようになります。

　①の通常の減価償却の方法によって計算する場合、150,000円
×0.250＝37,500円となりますから、1年目から3年目までは毎
年37,500円を償却費とします。4年目は備忘価額1円を控除した
37,499円を償却費としますので、以後その資産を除却（または売
却）するまで残存価額1円が帳簿上残ることになります。

　また、一括償却資産として3年間の均等償却をする場合は、
150,000円÷3＝50,000円となり、取得年以降3年間50,000円ずつ
償却します。この場合、残存価額はありません。

　なお、必要経費とする場合は1年目に150,000円全額を経費（消
耗品費などで処理）とします。

■ **3つの方法のそれぞれの経費算入額** ……………………………

	1年目	2年目	3年目	4年目	計
①通常の償却	37,500	37,500	37,500	37,499	149,999
②3年均等償却	50,000	50,000	50,000	0	150,000
③必要経費算入	150,000	0	0	0	150,000

 中古・中途購入資産の減価償却計算の特例について教えてください。

 取得時の使用可能期間をもとに見積もります。

　中古資産を取得した場合の耐用年数は、耐用年数表の年数ではなく、その資産を事業で使用した時以後の使用可能期間として見積もった年数です。

　ただ、使用可能期間の見積りが困難であるときは、次のいずれかの方法（簡便法）により算定した年数を耐用年数とすることができます。
① 法定耐用年数の全部を経過した資産は、その法定耐用年数の20％に相当する年数
② 法定耐用年数の一部を経過した資産は、その法定耐用年数から経過した年数を控除した年数に経過年数の20％に相当する年数を加えた年数

　簡便法に基づいて、たとえば法定耐用年数10年の中古資産を取得した場合を考えてみましょう。もし、その固定資産がすでに10年以上使用され法定耐用年数の全部を経過している場合は、10年×20％＝2年を耐用年数とすることができます。また、同じ中古資産についてすでに経過した耐用年数が5年であった場合は、法定耐用年数10年から経過した年数5年を差し引いた5年に、経過年数5年×20％＝1年を加えた6年がその中古資産の耐用年数と

第3章 ● 青色申告制度の活用法　145

なります。

●**中途購入資産の償却計算期間の特例**

　年の途中で購入した減価償却資産の償却期間は、その年で実際に使用した月数に応じて減価償却費を計上することになります。1か月未満の端数が生じたときはそれを1か月とします。たとえば、11月1日に減価償却資産を取得した場合も11月30日に取得した場合も、取得日から減価償却資産を使用したのであれば、償却期間は2か月（11月と12月）です。

　使用するまでに調整を要する機械などのような資産は、購入してすぐには使用開始できないものもあります。減価償却費の計算は、「使用開始時」がスタートとなります。購入しただけでは償却できません。

　年の途中で購入した場合の償却費計算の算出法は以下の通りです。

　　年間の償却費　×　事業で使用していた期間／12

■ **中古資産の耐用年数の見積もり方法**

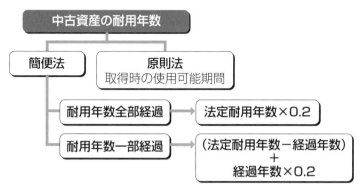

（注）この結果、1年未満の端数が生じたときは、切り捨てて耐用年数を計算する。たとえば、この結果が3.6年であれば3年になる。また、2年未満になったときは2年とする。つまり中古資産の耐用年数の一番短いのは2年となる

固定資産はなぜ減価償却をするのでしょうか。一度に費用計上できる場合もあるのでしょうか。

固定資産は、長期間にわたって使用されるため、原則として複数年にかけて費用計上する必要があります。

　10万円以上の備品を購入した場合は原則として、その備品は固定資産として計上し、減価償却をしなければなりません。例外的に青色申告者については優遇措置があり、30万円未満の固定資産の購入については減価償却をせずに、購入した事業年度に一度に費用計上することが認められています。

　減価償却をする目的は適正な費用配分と正しい資産評価です。適正な費用配分を目的とする根拠は、収益と費用が対応しなければならないという会計原則に基づきます。高額の備品などの固定資産は長期間にわたって事業活動、つまり収益の獲得に貢献していくことが考えられます。そのため購入した事業年度だけで費用として計上せずに、購入した事業年度以降も、その固定資産が貢献すると考えられる期間にわたって費用配分していきます。こうすることで、獲得した収益に対応するように費用は計上されるという考えに合致するのです。

　また、固定資産は使用を重ねるにつれて、使用年数が経過するにつれて、徐々に劣化していきます。そのため資産としての価値も目減りしていくのが通常です。この目減りした分を考慮せずに、購入当初の金額のままで固定資産として計上し続けることは、正し

第3章 ● 青色申告制度の活用法　147

い資産価値を表わしていないといえます。そこで資産価値が目減りした分だけ減価償却をして、正しい資産評価をします。

●減価償却は細かいルールが定められている

資産価値が目減りした金額、つまり減価償却する金額がいくらかという計算を、納税者独自の判断に任せてしまうと、同じ固定資産で同じように使用していても、納税者ごとに減価償却する金額がまちまちになってしまいます。そこで税法では減価償却のルールを細かく規定しています。固定資産の種類ごとに減価償却できる年数が定められており、減価償却の計算方法も定額法と定率法などに限定されています。それらのルールに従って計算した金額を減価償却費として費用処理できるのです。

●利益の状況は常に注視する

青色申告者は30万円未満の固定資産については、購入した事業年度にすべて費用として計上することができます。裏を返せば30万円未満であっても、固定資産として計上し、減価償却をしてもよいわけです。そのため、30万円未満の固定資産を購入した年の利益が大きく出そうであれば、購入金額の全額を費用処理するほうが節税対策につながります。なぜならそうすることによって利益の金額を大きく減らすことができ、納める税金もその分少なくすむからです。あるいは赤字になりそうな年に固定資産を購入したのであれば、赤字をなるべく増やさないように減価償却を選択することも可能です。

この優遇措置は青色申告しているからこそ享受できるものです。優遇措置を上手に利用して、固定資産を購入するタイミングや節税対策に生かすとよいでしょう。なお、この優遇措置は、30万円未満の固定資産の購入であれば何度でも適用されるわけではありません。年間での取得価額の合計は300万円が上限ですので注意しましょう。

Question 10 大修繕が減価償却の対象になると聞いたのですが、業務用エアコンの修繕は減価償却の対象になるのでしょうか。

資本的支出に該当する場合には、減価償却の対象になります。

　エアコンなどの固定資産の故障や破損についても、たとえば定期的なメンテナンス代や、元どおりに使用できるようにするために支出した修理代や部品代は、修繕費として支出した全額を一度に費用処理できます。しかし修繕や改修をした結果、その固定資産自体の価値が高まったり、あるいは購入当初よりも使用可能期間が長くなったような場合には、支出した額を一度に費用とすることはできません。このような支出を資本的支出といい、もともとの固定資産の取得価額に資本的支出の金額をプラスして、減価償却していくことになります。

　修繕費となるか資本的支出となるかの判断基準が重要になりますが、まずは支出した金額が20万円未満である場合や３年以内の定期的な修繕であれば修繕費とすることができます。この条件に合わなくても明らかに通常の維持管理や原状回復に関する支出は修繕費です。逆に明らかに資産価値を高める支出は資本的支出です。いずれに該当するか明らかではない場合は、支出金額が60万円未満あるいは取得価額の10％以下であれば修繕費となります。それ以外であっても修繕費として処理できる細かい判定基準はありますが、おおむねこれらの条件に合致しない支出は、実質的側面から資本的支出であると判断されるケースがほとんどです。

第3章 ● 青色申告制度の活用法　149

税額控除によって税負担そのものが軽くなるのでしょうか。

税額控除は、所得税額から直接減額されるため、税負担そのものが軽くなります。

　所得税の額は、課税対象となる課税所得額に一定の税率を掛けることによって求めます。この「課税所得額」は、収入金額から必要経費を差し引いて算出することになります。そのため、所得控除を最大限に利用して課税所得額を減らすことによって、結果的に支払う所得税額を少なくすることができます。

　青色申告ではこの他に、税負担そのものが軽くなる「税額控除」の制度を利用することもできます。税額控除は一度計算した所得税額からさらに一定の税額を差し引くことができる制度です。税額控除は税額そのものを直接減額することになるため、所得控除に比べても税負担がかなり軽減されます。

　税額控除を適用するには、適用要件を正しく理解しておくことが必要です。特に租税特別措置法で規定されている税額控除は、適用期限も決められていますので、適用にあたっては十分に研究しておくことが必要です。本書では、中小事業者が機械等を取得した場合の税額控除をとりあげています（Q12参照）。

　なお、機械等を取得した場合、税額控除に代えて特別償却（通常の減価償却とは別枠で追加の減価償却が行える制度）も選択できますので、あわせてここで見ておきましょう。

特別償却と税額控除の両方の制度を利用できる場合、どちらの制度を選択して適用するとよいのでしょうか。

長期的に考えれば、一般的に税額控除のほうが有利になります。

　特別償却を利用した場合、特別償却を行った額に税率を掛けた分の所得税を減らすことができます。これに対して、税額控除の制度を利用した場合は、所得税額に応じた上限金額を考慮しなければ税額控除額の分の所得税額を減らすことができます。文章だと少しわかりにくいので実例をとって考えてみましょう。

　中小事業者が機械等を取得した場合を例にとって、特別償却を利用した場合と税額控除を利用した場合の節税効果の違いを見ていきましょう。この制度は、新品の機械や装置などを取得して指定事業に使用した場合に、取得価額の30％の特別償却または取得価額の7％（所得税額の20％が限度）の税額控除を選択できるという制度です。ここで、新品の機械200万円（耐用年数4年、定額法による）を購入したとします。適用税率は33％とします。

　この場合の節税効果の違いは153ページの表のようになります（ここでは、特別償却と税額控除の効果の違いを理解することが目的なので、計算の途中経過は省略します）。

　特別償却は、減価償却をする最初の年に、通常の減価償却費に加えて特別償却費を計上するというものです。つまり、資産を取得した年に減価償却費を多く計上する方法です。そのため、税率が高税率の場合（30％以上）は、1年目は税額控除より税負担が

第3章 ● 青色申告制度の活用法　151

少なくなります（節税効果は、特別償却：363,000円、税額控除：305,000円）。しかし、数年間の減価償却費の合計額は取得原価までですので、それ以上の償却費を計上することはできません。つまり、特別償却を行うか、または通常どおりの減価償却を行うかは、複数年のうちいつ償却費を計上するかどうかの違いだけなのです。

　これに対して、税額控除では償却費とは関係なく税額そのものを減少させますので、複数年で見た場合は有利になります。税額控除の場合、最終的には取得価額から備忘価額1円を除いた金額のすべてを経費化した上で、税額控除140,000円（2,000,000円×7％）を利用することができるからです。

　耐用年数全体の合計で見れば、特別償却を適用した場合は適用しなかった場合と比べても税負担は軽減されていません。一方で、税額控除を適用した場合は適用しなかった場合と比べて、税額控除140,000円分だけ税負担を軽くすることができています。このことから、耐用年数全体という長い目で見れば、税額控除を適用

■ **特別償却の計算方法** ……………………………………………

| 取得価額
（基準取得価） | × | 特別償却
割合 | = | 特別償却
限度額 |

（注）・特別償却は1年間の繰越が可能
　　　・対象資産を取得した場合は、特別償却に代えて税額控除を選択することもできる

■ **税額控除の計算方法** ……………………………………………

| 取得価額 | × | 税額控除割合 | = | 税額控除限度額 |

（注）所得税額に応じた上限金額が設けられている

したほうが節税になるといえます。その一方で、資産を取得した年の税負担の軽減に対してより強い効果を求めるのであれば、税率によっては税額控除よりも特別償却のほうがより有利に働くものといえます。具体的には、特別償却を実施することでその年の税負担が減るため、短期的な資金繰りを充実させたり、資金を新たな投資に充当するなどの、より効果的な資金運用が可能となります。

　つまり、短期的な節税を狙うのか、中長期的にみるべきか、将来の所得の状況の見積りはどうかなどを総合的に考慮して、いずれを適用するかを判断すべきものといえます。

■ 特別償却と税額控除の節税効果の違い ……………………………

《特別償却の場合》

年	①普通償却費	②特別償却費	③合　計 (①＋②)	④節税効果 (③×33%)
1年目	500,000	600,000	1,100,000	363,000
2年目	500,000	0	500,000	165,000
3年目	399,999	0	399,999	131,999
4年目	0	0	0	0

《税額控除の場合》

年	①普通償却費	②償却影響 (①×33%)	③税額控除	④節税効果 (②＋③)
1年目	500,000	165,000	140,000	305,000
2年目	500,000	165,000	0	165,000
3年目	500,000	165,000	0	165,000
4年目	499,999	164,999	0	164,999

　個人事業を行っている場合、毎年所得が生じる（もうかる）とは限りません。急激な景気の変動やライバル店の出現などにより、思わぬ赤字を計上することもあります。このような赤字が発生した場合、白色申告では翌年以降に赤字を繰り越しすることはできませんが、青色申告の場合は、３年間の繰越しが認められています。赤字の貯金のようなものです。

　たとえば、令和５年に1,000万円の赤字が発生した場合を例にとって考えてみましょう。この場合、白色申告と青色申告との税負担の差は図（次ページ）のようになります。

　青色申告では、令和５年に生じた損失を令和６年〜８年で生じた所得から控除することができます。

　つまり、この例では、令和６年は600万円の所得ですが、前年の損失1,000万円を繰り越しますので課税所得は０円になります。それでも損失は400万円（＝1,000万円－600万円）残り、それが令和７年に繰り越されます。

　続いて、令和７年が800万円の所得であれば、繰り越された損失である400万円を控除した残額である400万円が課税の対象になります。これに対して、白色申告には、このような「純損失の繰越控除」制度がありませんので、令和５年の損失は無視され、翌

年以降の所得そのものに対して課税されてしまうのです。

■ 純損失の繰越控除

【設例】
令和5年の損失　△10,000,000円
令和6年の所得　　6,000,000円
令和7年の所得　　8,000,000円
令和8年の所得　　8,000,000円
（注）計算を簡便にするために、所得控除、税額控除は考慮しないこととする

《白色申告の場合》
令和5年　所得税 0円
令和6年　所得税 6,000,000円×20%＝1,200,000円
令和7年　所得税 8,000,000円×23%＝1,840,000円
※3年間の所得税負担額　3,040,000

《青色申告の場合》
令和5年　所得税 0円
令和6年　所得 6,000,000円－10,000,000円＝△4,000,000円……所得は0
令和7年　所得（8,000,000円－4,000,000円）＝4,000,000円
　　　　　4,000,000円×20%＝800,000円
※3年間の所得税負担額　800,000円
よって、青色申告と白色申告では224万円もの税負担の差が生じる

■ 純損失の繰越控除のイメージ

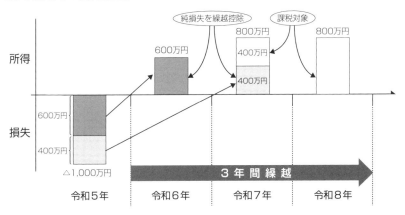

第3章 ● 青色申告制度の活用法　155

Column

青色申告会の活用メリットとデメリット

　青色申告会とは、記帳や税務申告の指導を受けられる他、研修会が開催されるなど、税務や経営の支援を受けられる会員制の団体です。地域ごとに青色申告会は設けられており、東京では48の税務署担当地域ごとに青色申告会が組織されています。青色申告会は青色申告者になると自動的に入会するものではなく、所定の入会手続が必要です。

　青色申告会のメリットは、記帳や確定申告書作成のサポートをしてもらえることです。個人開業をしている人の中には、簿記や税務に関しては未経験という人も多いと思います。本業に集中したいと思うところ、記帳や税務申告に多くの時間を費やしたくないと思われるかもしれません。そんなときの強い味方となってくれるのが青色申告会です。簿記や税務の知識を持ったスタッフが一対一でサポートしてくれます。また、指導だけではなく、記帳を代行したり、確定申告書を代書するサービスを設けているところもあります。また、青色申告会のメリットは、記帳や税務申告の支援だけではありません。青色申告会が提携している弁護士に無料で法律相談ができたり、傷害保険などの各種保険サービスを受けることもできます。その他、指定の旅行会社の商品の割引を受けられたり、会員旅行があるところもあります。

　青色申告会のデメリットといえば、会費を支払う必要があることです。会費は青色申告会によって異なりますが、入会金の他、月1,000～2,000円程度の会費が必要です。年間にすると1万円～2万円程度です。記帳に関する相談だけでしたら、税務署の無料相談会だけでも事足りる場合もあるかもしれません。

　必要としているサービスをよく見極めた上で、青色申告会を活用してみるとよいでしょう。

第4章

個人事業主と消費税・
インボイス制度

 消費税が課される取引と課されない取引があるとのことですが、どのように違うのでしょうか。

 消費税が課される取引は、原則として本体価格の他に消費税が徴収されます。

　消費税は、国内で物を購入する、サービスの提供を受けるという行為（消費行為）について課税される税金です。ただし、事業者のうち、その課税期間の基準期間（その年の前々年のこと）における課税売上高が1,000万円以下であるなど、一定の事業者については、その課税期間の消費税の申告・納税は免除されます。事業開始初年度及び２年目は、基準期間における課税売上高がないため免税事業者になります。

　また、事業開始初年度の１月１日から６月30日までの期間（特定期間）の課税売上高または給与等の支払い合計が1,000万円を超える場合は事業開始２年目では課税事業者に該当します。なお、事業開始初年度の７月１日から12月31日の間に開業した場合は、２年目においては特定期間による判定はありません。

●消費税が課される取引と課されない取引の違い

　消費税は、すべての消費行為に広く公平に課される税金です。しかしながら、事業者の見解により徴収の仕方が異なるようでは、公平な課税は成立しません。税金の徴収を事業者に委ねているというこの制度の弱点を補うためには、消費行為とはどのような取引であるのか、定義を明確にしておく必要があります。

　消費税法では、国内取引と輸入取引とに分けて考えます。まず

国内取引から見ていきます。消費税の課税対象となる消費行為とは、①「国内において」、②「事業者が事業として」、③「対価を得て（代金を受け取ること）行う」、④「資産の譲渡等」、または特定課税仕入と定められています。

なお、④「資産の譲渡等」とは、資産の譲渡、貸付け、役務の提供をいいます。つまり、物品や不動産などを渡す行為、貸付ける行為、サービスを提供する行為です。

サービスの提供とは、たとえば土木工事、修繕、運送、保管、印刷、広告、仲介、興業、宿泊、飲食、技術援助、情報の提供、便益、出演、著述等をいいます。弁護士、公認会計士、税理士、作家、スポーツ選手、映画監督、棋士等による専門知識、技能などに基づく行為もこれに含まれます。

前述した①〜④のうちいずれか1つでも当てはまらないような取引または特定課税仕入は、消費行為として消費税が課されるべき取引ではないということです。また、これらに該当する取引の中でも、後述するように特別に課税されない「非課税取引」という取引もあります。

次に輸入取引ですが、税関から国内に持ち込まれる外国貨物については、消費税が課されるというしくみです。具体的には、外国貨物を保税地域から引き取るときまでに、その保税地域の所轄税関長に輸入申告書を提出するとともに、引き取る外国貨物に課される消費税額を納付します。

反対に国外へ輸出する貨物等については、消費税が免除されます。これは、日本国内で消費されたものにのみ課税し、国際間の二重課税を防ぐためのものです。

第4章 ● 個人事業主と消費税・インボイス制度　159

課税取引といえるためにはどのような要件を充たす必要があるのでしょうか。

国内において、事業者が事業として、対価を得て、課税資産の譲渡等を行う必要があります。

・・・

　事業者が事業として対価を得て行う、国内での資産の譲渡等の取引のうち、非課税取引を除く「課税資産の譲渡等」は課税取引として扱われます。ここでは、①「国内において」、②「事業者が事業として」、③「対価を得て行う」の内容を見ていきましょう。

① 「国内において」とは
　その取引が国内において行われたかどうかを判定します。以下のⓐⓑの場所が国内であれば、国内において行われた取引です。

ⓐ 資産の譲渡または貸付け
　その譲渡または貸付けが行われているときにその資産の所在場所が国内であるかどうか。

ⓑ 役務の提供
　その役務の提供が行われた場所が国内であるかどうか。

② 「事業者が事業として」とは
　事業者とは、事業を行う法人や個人です。個人の場合、店舗や事務所を経営する人の他、医師や弁護士、税理士なども事業者に該当します。法人は株式会社などの会社のことです。国や都道府県、市町村、宗教法人や医療法人、代表者の定めのある人格のない社団等も法人に該当します。「事業」とは、同じ行為を反

復、継続、独立して行うことをいいます。法人が行う取引はすべて「事業として」行ったものとなります。一方、個人事業者の場合は、仕事以外の普段の生活における消費行為については、「事業として」行ったものではないため、除いて考える必要があります。なお、会社員がたまたま受け取った出演料や原稿料のような報酬は、事業とはいえません。

③ 「対価を得て行う」とは

資産の譲渡、貸付け、役務の提供を行った見返りとして代金を受け取ることをいいます。対価を得ず、無償で資産を譲渡した場合も、その譲渡した相手と利害関係があれば、対価を得ているとみなされる場合があります。たとえば法人がその役員に自社製品を贈与した場合、実際は対価を得ていなくても、対価を得て製品を販売したことになり、課税取引として申告しなければなりません。これをみなし譲渡といいます。また、定価よりも著しく低い値段で譲渡した場合、相手が法人の役員や個人事業主であれば、実際の低い値段ではなく、定価で販売したものとして申告しなければなりません。このような取引を低額譲渡といいます。

なお、特定課税仕入とは、事業者向け電気通信利用役務の提供、及び特定役務の提供をいいます。これらは、国外でサービスの提供が行われたとしても消費税が課されます。

・事業者向け電気通信利用役務の提供

インターネットなどを介する電子書籍・音楽・広告の配信等のサービスの提供をいいます。

・特定役務の提供

国外事業者が行う演劇等の役務をいいます。なお、特定仕入の場合はリバースチャージ方式といって国外事業者に代わり役務提供を受けた国内事業者（課税売上割合が95％未満で、かつ簡易課税制度を適用しない場合）に対して消費税の納税義務が課されます。

第4章 ● 個人事業主と消費税・インボイス制度 　161

非課税取引とはどのような取引なのでしょうか。

非課税取引とは、本来的には課税対象となる取引ですが、政策的等の観点から消費税が課されない取引です。

　消費税の課税対象となる取引のうち、その性格上課税することが適当でない、もしくは医療や福祉、教育など社会政策的な観点から課税すべきではない、という大きく分けて２つの理由により、消費税が課されない取引があります。本来は課税取引に分類されるべきですが、特別に限定列挙して課税しないという取引です。これらの取引を非課税取引といいます。次ページ図の取引については「非課税取引」となります。消費税の性格上課税することが適当でないものと、政策的配慮に基づくものがあります。

●不課税取引とは

　消費税の課税対象は、①「国内において」、②「事業者が事業として」、③「対価を得て行う」、④「資産の譲渡等」、または特定課税仕入です。これらの要件に１つでもあてはまらない取引は、課税の対象から外れます。このような取引を不課税取引といいます。たとえば、国外で行った取引、賃金給与の支払い、試供品の配布、寄附などはこの不課税取引に該当します。

　なお、前述した非課税取引とは、課税取引の要件を満たしているにもかかわらずあえて非課税として取り扱われる取引です。これに対して不課税取引とは、そもそも課税取引としての要件を満

たしていない取引です。混同しないように注意しましょう。

●非課税取引と不課税取引の違い

　非課税取引も不課税取引も、対象とする取引に消費税がかからない点においては同じです。しかし、非課税取引は本来課税取引としての要件を満たしているにもかかわらず、政策的な配慮などの理由によりあえて非課税として扱うのに対して、不課税取引はそもそも課税取引の要件を満たしていません。したがって、両者はその性質が異なります。特に、消費税を考慮する上で両者が大きく異なってくるのは、課税売上割合（課税売上高／売上高）を計算する場合です。非課税売上の場合には分母の売上高に金額を含めますが、不課税売上の場合には含めません。課税売上割合は、仕入税額控除の計算などに影響します。

■ 非課税取引

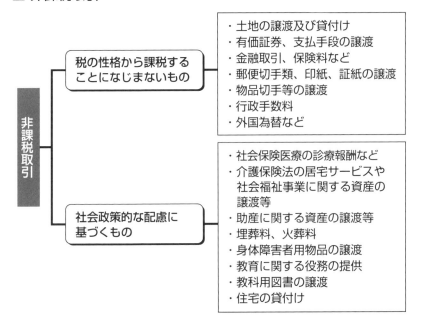

開業して1年の個人事業主（免税事業者）です。課税売上1,000万円以下の場合には取引先には消費税を請求できますか。

免税事業者の場合でも消費税を請求することが可能です。

　開業して2年は原則として消費税の免税事業者となります。例外として開業した年の1月1日から6か月間の課税売上が1,000万円を超えてしまうと2年目は課税事業者となりますが、あなたの場合は免税事業者のままで消費税の申告義務は発生しません。

　また、免税事業者が取引先へ請求する際の消費税の扱いですが、免税事業者は請求時に、消費税分を上乗せしなければならない、もしくは上乗せしてはいけない、などの決まりはありません。

　つまり免税事業者であっても消費税額を上乗せした金額で請求してもかまいません。

　したがって、免税事業者でも10,000円の商品を消費税10％1,000円として11,000円を請求することができます。

　ただし、仕入側が課税事業者である場合には、令和5年10月1日以降の取引はインボイス制度が導入されているため、免税事業者との取引においては、1,000円全額が仕入税額控除できません。具体的には、経過措置により80％の控除（令和8年9月30日までの取引の場合。令和8年10月1日から令和11年9月30日までの取引の場合は50％の控除）しかできないため、本体価格10,200円、消費税800円として処理を行うことになります（Q5参照）。

 インボイス制度について教えてください。

 適格請求書(インボイス)がないと、原則として仕入税額控除ができません。

　令和5年10月1日よりインボイス制度(適格請求書等制度)が導入されています。インボイス制度では、インボイス登録を行っている売り手(課税事業者)は買い手からの求めに応じて次のような記載事項を完備した適格請求書等を買い手に交付し、交付した適格請求書の写しを保存する義務が課されます。
① 適格請求書発行事業者(売り手)の氏名または名称及び登録番号
② 取引年月日
③ 取引内容(軽減税率の対象品目である場合はその旨)
④ 税率ごとに合計した対価の額(税抜または税込)及び適用税率
⑤ 税率ごとに区分して合計した消費税額等
⑥ 書類の交付を受ける事業者(買い手)の氏名または名称
　取引の内容には、軽減税率の対象資産があればそのことを記載する必要があり、対価の額には、税率ごとに区分した税込額を記載する必要があります。なお、不特定多数の者に対して販売等を行う小売業等については、買い手の氏名等の記載を省略できます。
　また、会計帳簿には「仕入先の氏名または名称」「取引年月日」「取引の内容」「取引金額」の他に、その商品が軽減税率8%の対象であれば取引の内容に「軽減税率の対象品目である旨」を明記

する必要があります。つまり、その取引が軽減税率の対象である
のかどうかを帳簿上区分しておく必要があるということです。そ
して、消費税の仕入税額控除を受けるには、適格請求書等を入
手・保存しておく必要があります。

●「軽減対象資産の譲渡等である旨」を記載する際の注意点

　軽減税率の対象となる商品がある場合には、請求書等に軽減対
象資産の譲渡等であることが客観的に明らかだといえる程度の表
示が必要であり、請求書に次のいずれかのように記載します。

・個々の取引ごとに８％や10％の税率を記載する

・８％の商品に「※」や「☆」といった記号や番号等を表示し、
　かつ、「※（☆）は軽減対象」などと表示することで、軽減対
　象資産の譲渡等である旨」を明らかにする

・８％の商品と10％の商品とを区別し、８％として区別されたも
　のについて、その全体が軽減税率の対象であることを記載する

・８％の商品と10％の商品で請求書を分けて作成し、８％の請求
　書には軽減税率の対象であることを記載する

●免税事業者からの課税仕入の取扱いはどうなるのか

　適格請求書等を発行するには、事前に税務署へ一定の申請を
行って適格請求書発行事業者として登録を受けておく必要があり
ます。この登録は課税事業者でないと行えないので、免税事業者
は課税事業者に変更しない限り適格請求書等の発行ができません。

■ 会計帳簿の記載例 ……………………………………………

総勘定元帳（仕入）			
月　日	相手科目	摘　　要	借　方
6/30	現金	○○食品㈱　※米・牛肉　6月分	19,440
6/30	現金	○○食品㈱　　　ビール　6月分	6,600
			※軽減税率対象

また、課税事業者が課税仕入に対する仕入税額控除の適用を受けるには、適格請求書発行事業者が発行する適格請求書等を受領する必要があるため、免税事業者が発行する請求書等では、令和5年10月以降は原則として仕入税額控除を受けられません。ただし、所定の事項が記載された請求書等を保存し、帳簿に軽減税率に関する経過措置の規定の適用を受けることが記載されている場合には、次の一定期間においては仕入税額相当額の一定割合を仕入税額として控除できる経過措置が設けられています。

・令和5年10月1日～令和8年9月30日は消費税相当の80％
・令和8年10月1日～令和11年9月30日は消費税相当の50％
　インボイス制度で認められる請求書等には次のものがあります。
・適格請求書または適格簡易請求書（後述の簡易方式）
・仕入明細書等（適格請求書の記載事項が記載されており、相手方の確認を受けたもの）
・卸売市場において委託を受けて卸売の業務として行われる生鮮

■ 適格請求書の記載例 ···

```
株式会社〇〇御中
                    請求書
                        東京都 XX 区 XX1-23-4
                          〇〇株式会社
              （登録番号 TXXXXXXXXXXXX）
                  令和6年6月分
```

月日	品名	金額
6 ／ 1	米　　　※	10,800 円
6 ／ 8	牛肉　　※	8,640 円
6 ／ 20	ビール	6,600 円
合計		26,040 円

```
（ 8% 対象　18,000 円　消費税 1,440 円）
（10% 対象　 6,000 円　消費税　 600 円）
※軽減税率対象
```

第4章 ● 個人事業主と消費税・インボイス制度

食品等の譲渡及び農業協同組合等が委託を受けて行う農林水産
物の譲渡について、委託者から交付を受ける一定の書類
・前述の書類に関する電磁的記録（電子ファイル等）

●**簡易方式とは**

不特定多数の者に対して販売等を行う小売業、飲食店業、タク
シー業等については、通常の適格請求書等とは異なり次の通り記載
事項を一部簡略化した「適格簡易請求書」を交付することができます。

① 適格請求書発行事業者（売り手）の氏名または名称及び登録
番号

② 取引年月日

③ 取引内容（軽減税率の対象品目である場合はその旨）

④ 税率ごとに合計した対価の額（税抜または税込）

⑤ 税率ごとに区分して合計した消費税額等または適用税率

●**適格請求書の交付義務が免除される場合**

不特定多数の者などに対してその都度適格請求書を交付するの
も実務上困難が生じる場合があり、以下の取引は適格請求書の交
付義務が免除されます。

① 船舶、バスまたは鉄道による旅客の運送（3万円未満のもの）

② 出荷者が卸売市場において行う生鮮食料品等の譲渡（出荷者
から委託を受けた者が卸売の業務として行うもの）

③ 生産者が行う農業協同組合、漁業協同組合または森林組合等
に委託して行う農林水産物の譲渡（無条件委託方式かつ共同計
算方式により生産者を特定せずに行うもの）

④ 自動販売機により行われる課税資産の譲渡等（3万円未満の
もの）

⑤ 郵便切手を対価とする郵便サービス（郵便ポストに差し出さ
れたもの）

書式　適格請求書発行事業者の登録申請書（国内事業者用）

第1-(3)号様式

国内事業者用

適格請求書発行事業者の登録申請書

【1／2】

収受印		
令和 6 年 4 月 10日	（フリガナ） （個人事業者の場合） 住所又は居所 （法人の場合） 本店又は主たる 事務所の所在地	トウキョウトオオタク○○ （〒 144-××××） （注）法人の場合のみ公表されます 東京都大田区××××○-○-○ （電話番号　03-××××-××××）
申	（フリガナ） 納　税　地 注：納税署所在地ではありません	（〒　　-　　　） 同　上 （電話番号　　-　　-　　）
請	（フリガナ） 氏　名 （個人事業者の場合） 名　称 （法人の場合）	カブシキガイシャ ニシホーム 注：屋号ではありません 株式会社　西ホーム
者	（フリガナ） （法人の場合） 代表者氏名	ニシグチ ユキオ 西口　幸雄
大田 税務署長殿	法 人 番 号	○○○○○○○○○○○○○

この申請書に記載した次の事項（ ◎ 印欄）は、適格請求書発行事業者登録簿に登載されるとともに、国税庁ホームページで公表されます。
（個人事業者の場合）氏名
（法 人 の 場 合）名称、本店又は主たる事務所の所在地（人格のない社団等は名称のみ）
なお、上記事項のほか、登録番号及び登録年月日が公表されます。
また、常用漢字等を使用して公表しますので、申請書に記載した文字と公表される文字とが異なる場合があります。

下記のとおり、適格請求書発行事業者としての登録を受けたいので、消費税法第57条の2第2項の規定により申請します。

今年(期)新規開業等しましたか	この申請書を提出する時点において、該当する事業者の区分に応じ、□にレ印を付してください。	
いいえ	□ 課税事業者 ➡ 次葉のBへ	
	□ 免税事業者 ➡ 次葉のAへ	
はい	✓ 新規開業等した事業者	
事業者区分	✓ 事業を開始した課税期間の**初日から登録を受けようとする** **事業者** ➡ 右の□枠内を記載し次葉のBへ	課 税 期 間 の 初 日 （個人事業者は本年1月1日、法人は設立日） 令和 6 年 4 月 3 日
［2年前又は1事業年度前の課税上高が、 ・1千万円超：課税事業者 ・1千万円以下：免税事業者 新規開業等した事業者は、 資本金が1千万円以上の法人 や消費税課税事業者選択届出 書を提出している場合等を除 き免税事業者に該当します］	※ 課税期間の初日が令和5年9月30日以前の場合の登録年月日は、同年10月1日となります。	
	□ 事業を開始した課税期間の**初日から登録を受けない課税事業者** ➡ 次葉のBへ	
	□ 事業を開始した課税期間の**初日から登録を受けない免税事業者** ➡ 次葉のAへ	

税 理 士 署 名		（電話番号　　-　　-　　）

※税務署処理欄	整理番号		部門番号		申請年月日	年　月　日	通信日付印 年　月　日	確認
	入力処理	年　月　日	番号確認		身元確認	□ 済 □ 未済	確認書類	個人番号カード／通知カード・運転免許証 その他（　　　　　）
	登録番号 T							

注意　1　記載要領等に留意の上、記載してください。
　　　2　税務署処理欄は、記載しないでください。
　　　3　この申請書を提出するときは、「適格請求書発行事業者の登録申請書（次葉）」を併せて提出してください。

この申請書は、令和五年十月一日から令和十二年九月二十九日までの間に提出する場合に使用します。

第4章 ● 個人事業主と消費税・インボイス制度　169

第1-(3)号様式次葉

【国内事業者用】

適格請求書発行事業者の登録申請書（次葉）

記載の　○免税事業者：A欄→B欄→C欄の順に記載
順　序　○課税事業者：B欄・C欄のみ記載（A欄は記載不要）

氏名又は名称　**株式会社 西ホーム**

【2／2】

該当する事業者の区分に応じ、□にレ印を付し記載してください。

A

免税事業者の確認

□ **a** 次の**b・c以外**で例えば**免税事業者である課税期間中の最短日での登録を希望する**など**免税事業者である課税期間中に登録を受けようとする事業者**（登録開始日から納税義務の免除の規定の適用を受けないこととなります。）

※　以下の□枠内を記載し（登録希望日欄の記載をお忘れなく）、次はB欄①の質問へ

個 人 番 号				
事業内容等	（個人事業者の場合）生年月日	1明治・2大正・3昭和・4平成・5令和	法人のみ記載	事業年度 自　　月　　日 至　　月　　日
	（法人の場合）設立年月日	年　　月　　日		資本金　　　　円
	事業内容		登録希望日	令和　年　月　日

□ **b** 翌課税期間が課税事業者で、その**翌課税期間の初日から登録を受けようとす**る事業者（**申請日が翌課税期間の初日から起算して15日前の日までの場合**）

※　次はB欄①の質問へ

翌課税期間の初日 令和　年　月　日

□ **c** 翌課税期間が課税事業者で、申請日が翌課税期間の初日から起算して15日前の日を**過ぎている**事業者（この場合、翌課税期間の途中から登録を受けることとなります。）　※　次はB欄①の質問へ

B

登録要件の確認

① **課税事業者です（登録を受けると、消費税の申告が必要になります）。**

※　この申請書を提出する時点において、免税事業者であっても、登録を受けると課税事業者となるため、「はい」を選択してください。

☑ はい　□ いいえ
└→ ②の質問へ

② **納税管理人を定める必要のない事業者です。**

（国内に住所や本店等を有し、かつ、今後も有する場合は「はい」にレ印を付して、次の**質問③**へ。）
「いいえ」の場合は、次の質問②' にも答えてください。

納税管理人を定めなければならない場合（国税通則法第117条第1項）
【個人事業者】　国内に住所及び居所（事務所及び事業所を除く。）を有せず、又は有しないこととなる場合
【法人】　国内に本店又は主たる事務所を有しない法人で、国内にその事務所及び事業所を有せず、又は有しないこととなる場合

☑ はい　□ いいえ
└→ ③の質問へ

②' 納税管理人の届出をしています。

□ はい　□ いいえ

③ **消費税法に違反して罰金以上の刑に処せられたことはありません。**

（加算税や延滞税は「罰金」ではありません。「いいえ」の場合は、次の質問にも答えてください。）

☑ はい　□ いいえ
└→ C欄の質問へ

③' その執行を終わり、又は執行を受けることがなくなった日から2年を経過しています。

□ はい　□ いいえ

C

相続による事業承継の確認

相続により適格請求書発行事業者の事業を承継しました。

（「はい」の場合は、以下の事項を記載してください。）

□ はい　☑ いいえ
質問はこれで終わり←

適格請求書発行事業者の死亡届出書の提出先税務署			税務署		
被相続人	死亡年月日	令和　　年　　月　　日			
	（フリガナ）				
	納税地	（〒　　　－　　　　）			
	（フリガナ）				
	氏名				
	登録番号	T			

参考事項

この申請書は、令和五年十月一日から令和十二年九月二十九日までの間に提出する場合に使用します。

○免税事業者の方が免税事業者である課税期間中に登録を受けようとする場合、登録希望日申請日から15日以降の日の記載をお忘れなく。

○最短日（申請書の提出日から15日後）での登録を希望する場合、登録希望日欄への改めての記載は不要です）

最短日での登録を希望□

170

簡易課税制度とはどんなしくみになっているのでしょうか。

みなし仕入率を利用した簡便な消費税の計算方法です。

　簡易課税制度とは、消費税の計算をより簡便な方法で行うことのできる制度です。課税仕入に対する仕入控除税額を、「みなし仕入率」を利用して売上から概算で計算するというのが、原則課税方式と異なる点です。簡易課税制度を採用した場合、課税仕入、非課税仕入の分類、課税売上割合の計算、課税仕入の売上と対応させた分類をする必要がありません。この制度は、「基準期間における課税売上高」が5,000万円以下である事業者にのみ適用されます。ただし、事業者の届出による選択適用であるため、「簡易課税制度選択届出書」を税務署へ提出しておく必要があります。

　届出を提出すると、翌年から簡易課税制度が適用されます。つまり、令和8年の課税期間に簡易課税制度を適用するには、令和7年12月までに届出書を提出する必要があります。簡易課税制度を一度選択すると原則2年間継続適用されるので、原則課税方式の場合の影響も考慮して、適用するかどうかを検討する必要があります。

　なお、基準期間とは2年前の課税期間（つまり一昨年）をいいます。

●みなし仕入率
　簡易課税制度では、売上に対する消費税のうち何割かは仕入控

除税額として控除すべき金額が占めているという考え方をします。仕入控除税額が占めている割合は、売上のうちに仕入が占める割合と一致しているとみなして、業種ごとに「みなし仕入率」が定められています。

●具体的な計算例

簡易課税制度は、みなし仕入率を課税標準額に対する消費税額に掛けることにより仕入控除税額を算出するという方法です。つまり、制度を適用する場合、仕入控除税額の計算は、課税売上がどの業種に属するかを分類するだけでよいということになります。

仕入控除税額の計算式は次の通りです。

仕入控除税額＝課税資産の譲渡等に関する課税標準額に
対する消費税額×みなし仕入率

たとえば卸売業を営む場合、みなし仕入率は90％です（次ページ）。課税売上高が税抜2,000万円の場合で税率を10％として計算すると、課税売上に対する消費税額は、2,000万円×10％＝200万円となります。

次に、仕入控除税額ですが、これを課税売上の90％とみなして計算します。控除仕入税額は、2,000万円×10％×90％＝180万円となります。したがって、差引納付税額は、200万円－180万円＝20万円となります。

●複数の事業がある場合にはどうなるのか

簡易課税制度を選択した事業者が複数の事業を営んでいる場合、以下のように、原則として、それぞれの事業について算出した金額を合計することになります（ただし、1種類または2種類の業種で75％を占めるような場合は、簡便な方法で計算することも認められています）。

（第１種事業に対する消費税額×90％＋第２種事業に対する消費税額×80％＋ 第３種事業に対する消費税額×70％＋第４種事業に対する消費税額×60％＋第５種事業に対する消費税額×50％＋第６種事業に対する消費税額×40％）／売上に対する消費税額の合計

●簡易課税制度が適用される取引

　仕入控除税額が多くなると、当然納める税額が少なくなります。つまり納税者に有利な結果ということです。

　簡易課税制度を選択したほうが有利になる場合とは、実際の仕入率よりみなし仕入率のほうが大きい場合です。仕入率の比較的低い業種や、人件費など課税対象外の経費が多い業種であれば、簡易課税制度を適用したほうが有利ということになります。

　また、簡易課税制度は申告の事務手数がかなり簡略化されるため、事業者によっては、原則課税方式と比較して多少不利な結果になったとしても、選択するメリットがあるという考え方をする事業者もあるようです。

■ 業種ごとのみなし仕入率 ⋯⋯⋯⋯⋯⋯⋯⋯⋯⋯⋯⋯⋯⋯⋯⋯⋯

第１種事業	卸売業（みなし仕入率90％）
第２種事業	小売業（みなし仕入率80％）
第３種事業	農業・林業・漁業・鉱業・建設業・製造業・電気業・ガス業・熱供給業・水道業（みなし仕入率70％）（※）
第４種事業	第１種～第３種、第５種及び第６種事業以外の事業たとえば飲食店業等（みなし仕入率60％）
第５種事業	第１種～第３種以外の事業のうち、運輸通信業・金融業・保険業・サービス業（飲食店業に該当するものを除く）（みなし仕入率50％）
第６種事業	不動産業（みなし仕入率40％）

※食用の農林水産物を生産する事業は、消費税の軽減税率が適用される場合において、第２種事業としてみなし仕入率が80％となる。

第４章 ● 個人事業主と消費税・インボイス制度　173

消費税の申告・納付について教えてください。

直前の確定申告で中間申告の回数が決まります。

　消費税の申告や納税方法については、確定申告と中間申告があります。
① 確定申告
　消費税の課税事業者になった場合は、税務署に消費税の確定申告書を提出し、申告期限までに消費税を納付しなければなりません。法人の申告期限は、課税期間終了後2か月以内です（会計監査人の監査を受けるなどの理由で2か月以内に決算が確定しない場合には、事業年度終了の日までに申請書を提出すれば、原則として、1か月間申告期限の延長が可）。個人の場合は原則として翌年の3月31日ですが、課税期間を短縮する特例を受けた場合には、申告期限は課税期間終了後2か月以内となる場合があります。
　消費税額は、課税期間中に得意先への売上と一緒に預かった消費税の合計から、課税期間中に仕入や経費と一緒に支払った消費税の合計を差し引いて計算します。これを確定消費税額といいます。逆に預かった税金より支払った税金のほうが多い場合には、申告により差額の税金の還付を受けます。
　なお、消費税の計算は、預かった消費税から支払った消費税を単純に差し引いて算定することにとどまらず、状況によっては全売上に対する消費税が発生する売上の割合（課税売上割合）を算

定し、それに対して支払った消費税の調整計算を行ってから預かった売上に対する消費税から控除するなど、算定が複雑になる場合があることに留意が必要です。

② 中間申告

直前の課税期間分の消費税額が一定金額を超えた場合、次の課税期間では中間申告をしなければなりません。中間申告とは、進行中の課税期間の確定消費税額を概算で見積もり、前もってその一部を申告・納付する事です。

中間申告を行う時期と回数については、前課税期間の確定消費税額（地方消費税を除く）が48万円以下であれば、中間申告は不要です。前課税期間の確定消費税額が48万円超400万円以下であれば年1回6か月後に、400万円超4,800万円以下であれば年3回3か月ごとに、4,800万円超であれば年11回毎月、中間申告を行います。申告期限はそれぞれ6か月、3か月、1か月の「中間申告対象期間」終了後2か月以内です。

たとえば個人の場合で、年1回中間申告を行う場合、中間申告対象期間は1月～6月、申告期限は8月ということになります。

なお、法人の場合も個人の場合も、中間申告義務のない事業者でも、任意で中間申告を行うことができます（6か月中間申告）。

中間申告により納付した税額は、確定申告を行う際に「既に納付した金額」として確定消費税額から差し引きます。確定消費税額のほうが少ない結果となった場合には、中間申告により払い過ぎた消費税が還付されます。

●中間申告における納付税額の計算

中間申告の計算方法については、①予定申告方式と②仮決算方式の2つの方法があります。これらの方法については、特に届出などの手続きを行わずに自由に選択することができます。

① 予定申告方式

第4章 ● 個人事業主と消費税・インボイス制度　175

中間申告の納付税額を、前年の確定消費税額を月数按分して計算する方法です。中間申告が年1回であれば「確定消費税額×1/2」、3回であれば「確定消費税額×1/4」、11回であれば「確定消費税額×1/12」が、それぞれ納付税額ということになります。実際には税務署から送付される申告用紙と納付書にあらかじめ金額が印字されているので、計算の必要はありません。

② 仮決算方式

　中間申告対象期間ごとに決算処理を行い、中間申告の納付税額を計算する方法をいいます。中間申告が年1回であれば6か月、3回であれば3か月、11回であれば1か月の期間をそれぞれ1つの課税期間とみなして、確定申告と同様の手順で納付税額の計算を行います。この方法は申告の回数が増えるので事務負担がかかりますが、予定申告による納付税額のほうが多く資金繰りが厳しい場合には、検討するメリットがあります。ただし、仮決算方式を選択した場合、確定申告を行うまでは消費税の還付を受けることはできません。また、提出期限を過ぎてから申告書の提出をすることは認められません。

■ 消費税の確定申告・納付 …………………………………………

{ 個人事業者 ------- 翌年の3月末日
　法　　人 ------- 課税期間の末日の翌日から2か月以内

消費税の中間申告・納付

直前の確定消費税	中間申告の回数	中間納付税額
48万円以下	中間申告不要	―――
48万円超400万円以下	年1回	直前の確定消費税額×$\frac{1}{2}$
400万円超4,800万円以下	年3回	直前の確定消費税額×$\frac{1}{4}$
4,800万円超	年11回	直前の確定消費税額×$\frac{1}{12}$

第5章

決算と青色申告決算書作成の仕方

 青色申告と決算の関係について教えてください。

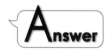 帳簿を締め切り、決算処理を行います。

　帳簿には1年間の営業活動の記録が記帳してあります。この各種帳簿を12月31日で締め切り、まとめる作業が「決算」です。青色申告者は1年間の営業活動の集大成として、（青色申告）決算書を作成することになります。

　決算書は1年間の営業成績の結果として、「もうかったのか」それとも「損をしたのか」を示す書類である「損益計算書」と最終的な財産状況を示す書類である「貸借対照表」などから構成されます。

　青色申告者は損益計算書などの決算書をもとにして、毎年確定申告を行うことになります。

　決算というと、なんとなく面倒な作業のように思われるかもしれませんが、1年間きちんと帳簿を記帳していれば、そんなに難しい作業ではありません。

　ただ、逆に1年間きちんと帳簿をつけていても、決算の段階で集計間違いや計算ミスをしてしまえば、元も子もなくなってしまいます。特に決算書に単純な計算ミスがある場合は、帳簿の信憑性まで疑われることにもなりかねません。そのため、しっかりとした順序で慎重に決算作業を進める必要があります。

　決算書には、一般的に貸借対照表、損益計算書、株主資本等変

動計算書や、上場会社ではこの他にキャッシュ・フロー計算書といった種類があります。このうち、個人事業主の決算で作成が必要となるものは貸借対照表と損益計算書です。なお、簡易帳簿（青色申告特別控除の10万円が適用）の場合には、損益計算書のみで、貸借対照表の作成は不要です。

・貸借対照表

決算書には、財政状態を明らかにする役割があります。その役割を担うのが貸借対照表です。貸借対照表は、俗にB/S（ビーエス）とも呼ばれます。事業を営むにあたってどれだけの資金を集め、そしてその資金をどのような事業活動に投資し、運用しているのかを示す表形式の書類です。

貸借対照表は、左側が資産、右側が負債・純資産（個人の場合は資本）と左右に２列に分かれて表され、右側と左側の各々の合計金額は、必ず一致します。左側の資産は資金の使い途を表わし、右側は調達した資金を表わします。負債は他人からお金を借りて作った資金で、純資産（資本）は事業のために事業主が用意した資金とイメージしておけばよいでしょう。

・損益計算書

決算書には事業の経営成績を明らかにする役割もあります。この役割を果たすのが損益計算書です。損益計算書は、俗にP/L（ピーエル）とも呼ばれます。

売上金のようなお金が入ってくる取引を収益といいます。また、家賃や従業員の給料などお金を払う取引を費用といいます。収益から費用を差し引いたものが儲けになります。損益計算書を見ることで、事業の活動結果としてどんな収益がどれだけあり、どんな費用がどれだけかかり、結果としてどれだけ儲かったのかを把握することができます。

●決算のおおまかな流れ

　まず、自分が営んでいる事業の1年間（1月1日から12月31日まで）の売上高（収入金額）を確定します。売上高を請求の都合上、毎月20日や25日に締めている事業者であっても、12月31日までの売上高を拾って決算書の売上高に含める必要があります。売上高は原則として、実際に現金や手形で受けとったものだけでなく、すでに取引先に商品や製品を納品しているものや、サービスが提供し終わっているものについても含めます。

　次に、在庫などの「棚卸」をして、1年間の売上原価（売上に対応する仕入価額や加工賃のこと）を確定します。なお、決算の対象となる年の12月31日現在で売れ残っている商品やまだ使っていない材料については、その年の売上原価から除いて、翌年以降の売上原価に含める必要があります。そのために残っている商品や材料をカウントする作業が棚卸です。

　売上原価と同じように、1年間にかかった必要経費も合計します。事業者が支出した費用はすべて経費になると思っている人もいますが、必要経費になるものとならないものがありますので、しっかりと区別する必要があります。特に電気代・ガス代・水道料・電話料のように事業用と家事用（家庭用）の支出が一体となっている経費については、合理的な基準で按分して、経費を計算することになります。

　その他に固定資産の減価償却費を計算したり、貸倒れの金額を確定したりする作業などもあります。

　このような一連の作業が終わった後に、決算準備表（月次統括表）あるいは試算表を作成します。決算準備表や試算表は、決算書を作成するためのいわば下書きのような書類です。これらの書類ができると、いよいよ決算書の作成に入ります。

決算はどのように行うのでしょうか。

元帳と補助簿の照合から決算書の作成までを行います。

　決算とは、帳簿に記録された結果（総勘定元帳）を事実と照らしあわせ、所要の修正（決算修正）を加えた後、財政状態（貸借対照表）や経営成績（損益計算書）を明らかにする手続きです。

　個人事業者は毎年1月1日から12月31日までの収支を計算します。年1回決算をして、それをもとにその年の翌年2月16日～3月15日までの間に申告することになります。これが確定申告です。

●決算手続きの流れ

　青色申告決算書である損益計算書や貸借対照表は、総勘定元帳をもとにして作成します（簡易簿記の場合は、該当する簡易帳簿をもとにして作成します）。しかし、総勘定元帳などの記録が必ずしも正しいとは限りません。そのため、記録に誤りがあるときは記録そのものを訂正することもあります。少なくとも決算手続きでは、以下のような手順を行います。

① **総勘定元帳と補助簿を照合する**

　総勘定元帳とその明細である補助簿を照合します。両者とも同じ情報をもとに記録していますから、合致してあたりまえなのですが、内部管理体制がしっかりしていない事業者の場合、違いがでることもあります。

② **勘定明細書の作成と現物などとの照合をする**

第5章 ● 決算と青色申告決算書作成の仕方　181

記録と事実を照合する作業です。具体的には、補助簿などから勘定科目の明細書を作成し、預金通帳・証書、残高証明書、借入金返済予定表、棚卸表などと照合して、記録が事実と異なっていないかを確認します。

③ 決算修正仕訳をする

修正すべき事項や引当金の計上などの決算修正仕訳を行います。これには、次のようなものがあります。
・経過勘定科目の処理
・棚卸資産の評価
・減価償却費の計上
・引当金の計上

④ 元帳の締切りと決算書の作成をする

決算修正仕訳を行った結果、総勘定元帳にはその年のすべての取引が記録されることになります。そこで、その時点で元帳を締め切り、残高を確定させます。また、その残高を決算書に転記して決算書を完成させます。

■ 決算の概要

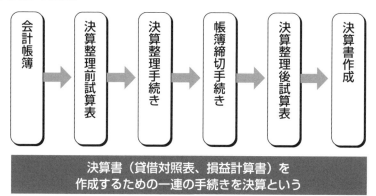

収入金額はどのように算出したらよいのでしょうか。

付随収入も総収入金額に算入します。

　事業所得の総収入金額には、事業で生じた商品の売上高、工事の請負収入、手数料収入などのメインの事業での収入だけでなく、付随する収入も含まれます。

　通常、付随収入は、帳簿処理上は「雑収入」として処理されます。たとえば、製造業で従業員のために、工場内に自動販売機を置いている場合の販売手数料収入や作業くずの売却代金などがこれにあたります。また、債務（借金）免除を受けた場合の債務免除益や、前年以前に貸倒償却済みの債権を回収した場合の償却債権取立益などもこれにあたります。

　償却債権とは、前年以前にすでに貸倒れとして処理した債権のことです。また、債権の貸倒れ処理後に先方（取引先）から入金を受けた場合に、その入金を受けた額を償却債権取立益といいます。

　このように、事業に関係する収入であれば、基本的には総収入金額としなければなりません。なお、事業用固定資産の売却した場合の売却益については、取得価額によって次のように取扱いが異なります。

・使用可能期間が1年未満の事業用固定資産、取得価額10万円未満の少額な事業用固定資産、取得価額が20万円未満であって一括償却した事業用固定資産の売却収入は事業所得の総収入金額に含める

第5章 ● 決算と青色申告決算書作成の仕方　183

・上記以外の事業用固定資産の売却収入は、譲渡所得の収入金額に含める

●売上高を帳簿から決算書に転記する

売上高は複式簿記では、総勘定元帳の「売上（高）」勘定に、簡易簿記では、特定勘定元帳に記載されることになります。

所得税の青色申告決算書では、2ページ目に月別売上金額（収入金額）を記載することになっていますので、次のような手順で帳簿から転記します。

・売上高は、売上高勘定または特定勘定元帳から月別の売上高を計算して、青色申告決算書の月別売上（収入）金額の表に転記する。
・家事消費は、家事消費勘定から年間合計額を転記する。
・雑収入は、雑収入勘定から年間合計額を転記する。

■ 帳簿から青色申告決算書への転記方法

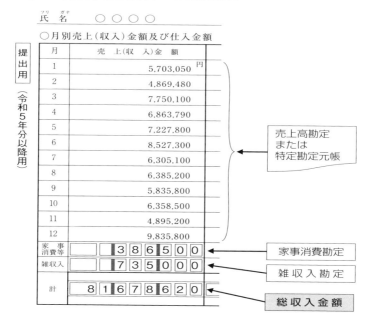

 売上高・仕入高の計上時期について教えてください。

 正しい時期に計上しなければなりません。

　所得税法では事業所得の総収入金額の計上は、その収入が確定したときに行うとしています。つまり、実際に入金したかどうかに関係なく計上しなければならないのです。
　一般的に商取引は次のような流れになっています。
　取引先から注文を受けた後、店舗・倉庫内の在庫を出荷します。商品を納品した時点で相手方の検収を受けます。検収に合格した分の商品代金を相手方に請求し、当初の約定に従って代金を回収します。出荷から検収までの間を「引渡し」といいます。売上高を計上する時期としては、継続して「出荷」時に計上する（出荷基準）ことも、継続して「検収」時に計上する（検収基準）ことも認められています。
　売上（収入）の計上時期については税務上もトラブルになる可能性が高いので、出荷基準を適用している場合は、年末直近に出荷したものについて、納品書控えなどをもとに売上高が正しく計上されているかどうか確認しなければなりません。入金が翌年の1月以降であっても、12月までに出荷していればその年の売上になるからです。

●その他の収入の計上時期
　出荷基準や検収基準以外の方法で売上を計上する場合もありますので、確認しておきましょう。

第5章 ● 決算と青色申告決算書作成の仕方　185

① 請負による収入金額の計上時期

通常、工事請負契約は、契約時に頭金を受け取り、工事に着手します。その後契約に従い、中間金を受け取り、完成引渡しの後に最終残金を受け取ります。これらの入金のタイミングにかかわらず、工事などの請負による収入は、長期大規模工事ではない限りその請負物の引渡しをした日に計上します（完成工事高の計上）。そのため、頭金、中間金を受け取ったときは前受金（または未成工事受入金）の計上として、完成後に残金を受け取ったときは売掛金（または完成工事未収入金）の取崩しとして処理し、収入としては計上しません。ここで、完成した請負物を相手方に引き渡したときの仕訳を見てみましょう。工事請負金額は150万円であり、完成までにすでに頭金・中間金を100万円受領しているものとします。

（借方）未成工事受入金 1,000,000 ／（貸方）完成工事高 1,500,000
　　　　完成工事未収入金 500,000

収入は請負物を引渡した日に計上するため、完成工事高150万円を計上します。また、前受金である未成工事受入金については、請負物の引渡し義務がなくなったことから減少させます。まだ受領していない金額については、売掛金である完成工事未収入金として計上します。

■ 受注から入金までの流れと売上高計上のタイミング

② 農産物の収入金額の計上時期（収穫基準）

農産物の収入については収穫した日に収穫価額（生産者販売価額）で収入が確定したものとして売上に計上します。これを収穫基準といいます。

●仕入高を帳簿から決算書に転記する

売上高を上げるために、商品販売業であれば商品を仕入れ、製造業であれば材料を仕入れて加工します。このような売上高を上げるための仕入れは、仕入（高）として計上します。仕入高は複式簿記では、総勘定元帳の「（材料）仕入（高）」勘定に、簡易簿記では、特定勘定元帳に記載されることになります。所得税の青色申告決算書では、2ページ目に月別仕入金額を記載することになっていますので、仕入高は、仕入高勘定または特定勘定元帳から月別の仕入高を計算して、青色申告決算書の月別仕入金額の表に転記します。

■ 仕入高の帳簿から決算書への転記

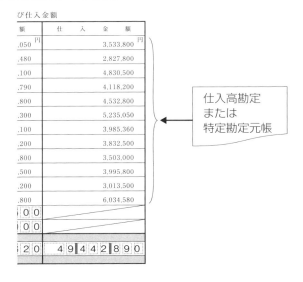

棚卸資産の評価方法と売上原価の算出方法を教えてください。

月別の仕入高を把握する必要があります。

　商品の仕入高がすべて当年の売上高に対応するとは限りません。たとえば、当年の途中からスポーツ用品店を開業したとしましょう。サッカーボールを10個仕入れて、当年中に8個販売したとします。販売価格1個3,000円、仕入価格が1個2,000円であれば、年末には、売上高と仕入高は次のようになっているはずです（他の商品の販売はないと仮定します）。

　売上高　3,000円×8個＝24,000円
　仕入高　2,000円×10個＝20,000円

　もし、このまま決算をした場合、利益（売上総利益）は4,000円になりますが、このままだと売上高と仕入高（売上原価）に含まれているサッカーボールの数が対応していないことになります。店頭陳列されて売れ残っているサッカーボールの仕入高は当年の売上高には対応しませんので、当年の仕入高から除外しなければ当年の売上高と正しく対応させることはできないのです。

　このように、商品として仕入れたが年末に売れ残っている商品を棚卸資産（在庫）といいます。決算においては、棚卸資産を正確に把握して仕入高から控除することで、売上高と仕入高（売上原価）が対応するようにします。

●実地棚卸の具体的手順

　実際に在庫にあたって在庫数量をカウントし、かつ、在庫の現状を確かめる作業を「実地棚卸」といいます。具体的には、店頭や倉庫の棚の端から数えて、商品名や数量を「棚卸表」に記入していきます。実地棚卸の前には在庫の整理整頓をします。同じ商品が複数の場所に置かれている場合には、一か所にまとめるなどして、カウントもれや数えまちがいを防止するようにしましょう。

　実地棚卸を行うタイミングとしては年末でしかも、休業に入っていて商品を販売していないときがベストです。なぜなら、営業中に棚卸を行うと在庫の確定が困難になってしまうからです。営業中に棚卸を行う場合は、必ず、実地棚卸日の金額に年末までの在庫の動きについての調整を加えなければなりません。また、他の倉庫に在庫として保管していたり、未着品であったり、他に預けている場合（預け品）は注意が必要です。これらの商品についても棚卸資産に含めなければ、棚卸資産の正確な金額が把握できません。

　次に、棚卸資産に記載された商品の単価を請求書などによって確認し、棚卸表に記入します。最後に、商品別の数量に単価を乗じて金額を算出します。そして、棚卸資産の合計額を集計して棚卸の作業は終了です。なお、青色申告者の場合、棚卸表は７年間の保存義務があります。

■ 棚卸資産について

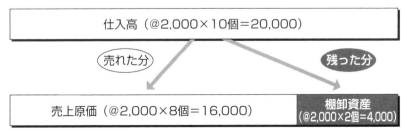

第5章 ● 決算と青色申告決算書作成の仕方　189

ところで、棚卸資産の金額は、次の手順で確定します。

手順1　継続記録法を採用している場合

帳簿（商品有高帳）によって受払（商品の仕入と出荷）した金額と残高を品目別に管理する方法を「継続記録法」といいます。継続記録法によって帳簿上の数量と実際の数量を比較することで、在庫のロスなどを管理することができます。継続記録法を採用した場合は、まず、帳簿上の棚卸金額を確定します。次に、実地棚卸のため在庫を数えて、実地棚卸高を確定します。最後に、帳簿棚卸高と実地棚卸高の差異を調整して、在庫金額を確定させます。

手順2　実地棚卸法を採用している場合

継続的な帳簿管理を行っていない場合、実地棚卸を行って棚卸資産の金額を確定することになります。事務処理の手間を省略するため、帳簿による管理を行わずに実地棚卸の方法によって棚卸高を確定します。なお、この方法では、在庫のロスがどの程度あるかは把握できません。

●棚卸資産の評価方法

継続記録法によっている場合は、個別法、先入先出法などの評価方法を採用することができますが、実地棚卸法によっている場

■ 棚卸資産の計算方法

合は、最終仕入原価法しか採用することができません。最終仕入原価法は、在庫として残っている商品の評価単価をその年の最後に仕入れた商品の単価で評価する方法です。たとえば、A商品の仕入単価の推移が「11月：300円 → 12月：320円」であったとします。本来、年末に残る在庫はすべて12月に仕入れたとは限らないのですが、最後に仕入れた320円の単価で棚卸資産を評価することになります。

●売上原価の算出方法

　売上高はその年の仕入高と対応させるのではなく、仕入高に期首と期末の棚卸資産（在庫）を加減して算出した売上原価と対応させなければなりません。売上高から売上原価を差し引いたものが、売上総利益です。

　簿記では、売上原価の算出を仕入高勘定で行うのが一般的です。

ⓐ（借方）仕入高　　　／　（貸方）繰越商品
ⓑ（借方）繰越商品　　／　（貸方）仕入高

　ⓐは、前期の棚卸高を仕入高に振り替える仕訳であり、ⓑは仕入高（売上原価を示す）から当期末の棚卸高を振り替える仕訳です。しかし、この方法では、損益計算書の売上原価と帳簿の記録を対応させるのは困難です。

　そこで、期首棚卸高、期末棚卸高という勘定科目を設けて、売上原価を算出するようにします。そうすれば、帳簿と損益計算書が明確に対応することになります。

ⓒ（借方）期首棚卸高　／　（貸方）商品
ⓓ（借方）商品　　　　／　（貸方）期末棚卸高

　この場合、総勘定元帳の関係する勘定科目の金額をそのまま損益計算書に転記することができます。

第5章 ● 決算と青色申告決算書作成の仕方　191

■ 売上総利益と売上原価の算出

【売上総利益の算出】

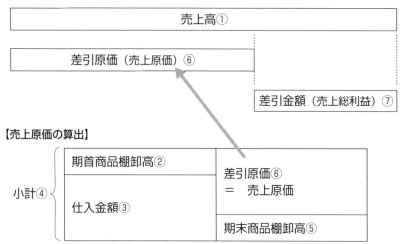

【売上原価の算出】

■ 売上原価の記載方法

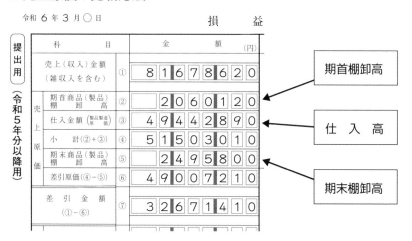

自家消費額の評価方法について教えてください。

通常の販売価額で計上するのが原則です。

　個人商店の事業主が店の商品をただで使った場合や贈与した場合、飲食店を経営している事業主が店の食事をただで食べた場合、それらの消費（自家消費という）を全く収入としなければ、その分所得が減ってしまいます。

　そこで、所得税法では、自家消費についても収入に計上すべきとしています。そして、自家消費を計上する場合の収入金額は、棚卸資産など（商品や材料）の通常の販売価額によって計算することとされています。また、取得原価を自家消費の収入金額として計算することも認められています。ただし、取得原価が通常の販売価額の70％未満の場合は、通常の販売価額の70％を自家消費の収入金額としなければなりません。

　たとえば、次の例で確認しましょう。小売店で店頭の商品であるパン（1個100円）を自家消費した場合を考えてみましょう。

　通常の販売価額　　　100円
　取得価額　　　　　　60円

　取得価額は60円ですので、通常の販売価額の70％である70円未満です。そこで、この場合は、通常の販売価額の70％である70円を自家消費として収入計上することができます。

　収入が少なくなれば所得が減りますので、結果的に所得税も減

少します。このパンの例では、通常の販売価額の70%で自家消費の収入金額を計上する方法（特例）を採用するほうがよいことになります。ただ、特例によって自家消費による収入金額を計算するためには、自家消費のつど、仕入単価または通常の販売価額の70%で評価し、帳簿に記載しておくことが必要ですから、多少手間がかかることになります。

なお、自家消費の場合、自家消費のつど代金を現金で支払ったりはしないでしょう。そこで、売上高の相手科目を「事業主貸」として処理します。

（借方）事業主貸　／　（貸方）自家消費高（または売上高）

青色申告決算書の2ページ目に自家消費の収入金額を記入する箇所があります。このため、売上高勘定に含めて処理するより「自家消費高勘定」を別に設けて記帳したほうがよいでしょう。

■ **自家消費額と事業用消費額の評価事例**

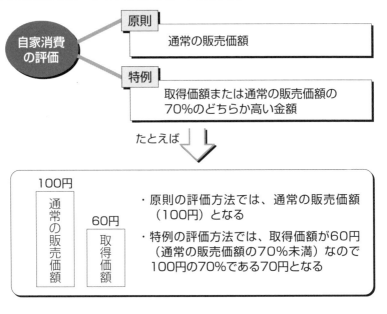

必要経費として計上できる経費とできない経費にはどこに違いがあるのでしょうか。

収入を得るためにかかった経費が必要経費です。

　所得税法では、収入を得るためにかかった経費を必要経費として差し引いて所得を計算します。このため、どのようなものが必要経費となるか、またはならないかを理解しておくことはとても重要なことです。
　必要経費は、総収入金額に対応する売上原価または収入を得るために直接要した費用の額とその年に生じた販売費、一般管理費その他業務上の費用です。売上原価については191ページで確認しましたので、ここでは、売上原価以外の経費について見ていくことにしましょう。

●必要経費計上の原則
　収入金額と同様に、現実に支払った金額ではなく、その事実が発生していて（債務の確定）、金額が合理的に算定できれば、原則として必要経費として計上することができます。減価償却費や引当金はこの原則に当てはまりませんが、例外として必要経費となります。
　なお、支出した費用を必要経費として計上するためには事業との関連性がなければなりません。たとえば、家事上の支出は事業に関連しないので、原則として必要経費に算入することができないのです。

第5章 ● 決算と青色申告決算書作成の仕方　195

必要経費の主なものは、198ページで説明していますが、それ以外にもさまざまなものがあります。

●未払金の取扱い

所得税法では、必要経費となる金額は、その年において債務の確定した金額とされています。つまり、実際の支払いはまだ行われていなくても、請求書が届いていれば、その年の必要経費とすることができるのです。経理処理上は、年度末の決算整理の中でこのような費用を「未払金」として計上します。

たとえば、翌年1月末引き落としとなっている12月分の事務所の家賃や、12月までに購入したものの月末締め翌月支払いとなっている消耗品費などは、「未払金」とすることでその年の必要経費に含まれます。

このような「未払金」を探すためには、翌年1月以降の通帳やカード利用明細を見てみましょう。それらに記載されている経費のうち、12月までに利用していたり、購入したものがあれば、決算整理の中で「未払金」とすることができます。

●必要経費を帳簿から決算書に転記する

複式簿記では、総勘定元帳の該当する勘定科目（簡易簿記では経費帳）から青色申告決算書の1ページ目の損益計算書に転記します。主要な科目については、2ページと3ページに科目の内訳表として記載されます。内訳は、売上や仕入の内訳の他、給料賃金、専従者給与、地代家賃、貸倒引当金繰入額、減価償却費、利子割引料、税理士・弁護士等の報酬・料金があります。なお、売上および仕入は毎月の金額を記載する欄もあります。

必要経費の帳簿から決算書への転記

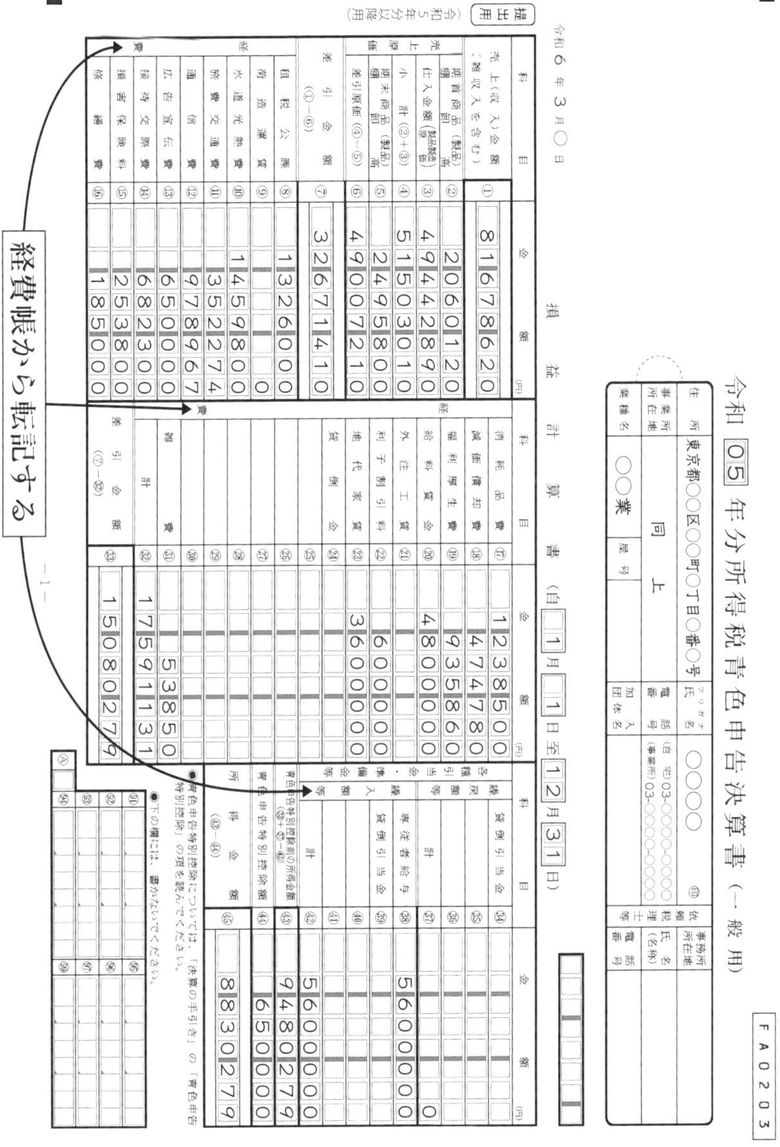

FA0203

令和 05 年分所得税青色申告決算書（一般用）

住所	東京都〇〇区〇〇町〇丁目〇番〇号	フリガナ 氏名	〇〇〇〇 ㊞	依頼税理士等 事務所所在地	
事業所所在地	同上	電話番号	（自宅）03-〇〇〇〇-〇〇〇〇 （事業所）03-〇〇〇〇-〇〇〇〇	氏名（名称）	
業種名	〇〇業 屋号	加入団体名		電話番号	

令和 6 年 3 月〇日

提出用（令和5年分以降用）

損益計算書（自 1月 1日 至 12月31日）

科目		金額（円）
売上（収入）金額（雑収入を含む）	①	8167620
売上原価 期首商品（製品）棚卸高	②	2060120
売上原価 仕入金額（製品製造原価）	③	4944289 0
売上原価 小計（②＋③）	④	5150301 0
売上原価 期末商品（製品）棚卸高	⑤	249580 0
売上原価 差引原価（④－⑤）	⑥	4900721 0
差引金額（①－⑥）	⑦	3267141 0
経費 租税公課	⑧	132600 0
経費 荷造運賃	⑨	0
経費 水道光熱費	⑩	145980 0
経費 旅費交通費	⑪	35227 4
経費 通信費	⑫	97896 7
経費 広告宣伝費	⑬	65000 0
経費 接待交際費	⑭	68230 0
経費 損害保険料	⑮	25380 0
経費 修繕費	⑯	18500 0
経費 消耗品費	⑰	123850 0
経費 減価償却費	⑱	47478 0
経費 福利厚生費	⑲	93586 0
経費 給料賃金	⑳	480000 0
経費 外注工賃	㉑	
経費 利子割引料	㉒	60000 0
経費 地代家賃	㉓	360000 0
経費 貸倒金	㉔	
	㉕	
	㉖	
	㉗	
	㉘	
	㉙	
	㉚	
経費 雑費	㉛	5385 0
経費 計	㉜	1759113 1
差引金額（⑦－㉜）	㉝	1508027 9
各種引当金・準備金等 繰戻額等 貸倒引当金	㉞	
	㉟	
	㊱	
計	㊲	0
繰入額等 専従者給与	㊳	5600000
繰入額等 貸倒引当金	㊴	
	㊵	
	㊶	
計	㊷	5600000
青色申告特別控除前の所得金額（㉝＋㊲－㊷）	㊸	9480279
青色申告特別控除額	㊹	650000
所得金額（㊸－㊹）	㊺	8830279

●青色申告特別控除については、「決算の手引き」の「青色申告特別控除」の項を読んでください。

●下の欄には、書かないでください。

㉑		㊅	
㉒		㊆	
㉓		㊇	
Ⓐ ㉔		㊈	

— 1 —

 主な必要経費の内容と留意点について教えてください。

 科目の内容によっては、一部必要経費にならないものがあります。

　個人事業者の支出の中で、重要な主な必要経費には以下のものがあります。
① 租税公課
　租税公課とは、事業に関連して納付することになった税金や賦課金のことです。たとえば、固定資産税、自動車税、自動車取得税、自動車重量税、登録免許税、不動産取得税、印紙税、事業税、事業所税、事業所得者などの所得税を延納した場合の利子税などが租税公課にあたります。
　これに対して、次のⓐ～ⓒのような支出は必要経費になりません。
ⓐ　所得税、住民税
ⓑ　所得税の加算税・延滞税、住民税の延滞金
ⓒ　罰金、科料、過料など
　ⓑは、罰金的性格から必要経費にしないとされているものです。
　なお、事業税は、当年分を翌年3月に申告して確定し、8月と11月に納付します。事業税は、税法上廃業時を除き未払計上することはできず、実際の納付時に必要経費に算入することになります。
　消費税は、当年分を翌年3月31日までに申告納付します。会計処理の方法として税込方式（消費税を対価に含めて売上高や仕入高・経費を計上する方式）を採用しているときは、原則として、

申告時に必要経費に算入します。ただ、決算時に未払計上すれば計上時の年の必要経費に算入することができます。

② 荷造運賃

荷造運賃とは、商品を販売するためにかかった包装材料費、運送費などのことです。商品仕入れにかかった引取運賃は原則として仕入高に含めることになっています。

③ 水道光熱費

水道光熱費とは、事業用として消費した電気代、水道料・下水道料、ガス代などのことです。

④ 旅費交通費

旅費交通費とは、事業に付随してかかった電車などの乗車券代・宿泊料のことです。商取引が主な目的である海外渡航費は、事業の遂行に直接必要な部分の金額は必要経費になりますが、同業者団体などが主催する観光旅行の費用などは必要経費にできませんので注意が必要です。

⑤ 通信費

通信費とは、事業用に使用した電話料、携帯電話料、FAX代、郵送料（切手代やハガキ代など）などのことです。

⑥ 広告宣伝費

広告宣伝費とは、テレビ・ラジオ・新聞・雑誌などにかかった広告費用、不特定多数の者に対する広告・宣伝の目的で配布するカレンダーやタオルなどの購入費用のことです。

⑦ 接待交際費

接待交際費とは、得意先を接待した費用や中元・歳暮代などの贈答品の購入費用（贈答品を送った場合の運送費も含む）のことです。接待交際費は、支出されたことが明らかで、かつ、相手方、支出、接待の状況から見て、事業の遂行上必要と認められる場合に限って必要経費とすることができます。したがって、帳簿や購

入の際の領収書の裏側に支出のつど相手方などを記入しておくことが必要です。特に、まとめてお歳暮を贈る場合などは、贈答先名簿を作成しておくことが大切です。

⑧　損害保険料

損害保険料とは、事業用建物について支出した火災保険料や事業で使用している自動車の保険料などのことです。

満期返戻金のある長期損害保険料についての積立部分は必要経費とすることができません。年の途中で年払保険料を支払った場合は、翌年以降の期間に対応する部分の支出額は前払保険料として資産計上することになりますので、必要経費に算入できません。ただし、未経過部分が1年以内に到来するのであれば、継続（毎年）して支払時に必要経費に算入することができます。

⑨　消耗品費

消耗品費とは、包装材料代や事務用品代などのことです。また、固定資産（工具器具備品など）のうち、使用期間が1年未満のものや取得価額が10万円未満のものは、購入時に消耗品費として必要経費に算入できます。

購入したコピー用紙などの消耗品が年末に残っている場合、原則として貯蔵品に振り替えなければなりません。しかし、おおむね一定量を購入し、経常的に消費している場合で、継続して毎年支出時に必要経費に算入しているときは、実際の支出時に必要経費とすることができます。1件10万円未満かどうかは、消費税の会計処理によって異なります。税込方式を採用しているときは税込金額で、税抜方式の場合は税抜金額でそれぞれ判断します。

⑩　福利厚生費

福利厚生費とは、従業員の福利厚生のために支出した次のような費用のことです。

・従業員の慰安、保険、修養などのために支払う費用

・事業主が負担すべき従業員の健康保険、労災保険、厚生年金保険、雇用保険、介護保険などの保険料
・事業主が従業員のために負担する退職金共済
・事業主が自己を契約者、従業員を被保険者とした契約に基づく生命保険料（満期保険金の受取人が従業員である場合は従業員の給与所得として扱われます。また、積立金となる部分は必要経費にできません）。

⑪　**利子割引料**

利子割引料とは、事業用資金の借入金について支払った利子や手形の割引料のことです。

⑫　**地代家賃**

地代家賃とは、事業用の店舗や駐車場などの土地や建物を賃借している場合に支払った賃料（地代）や家賃のことです。

年の途中で年払いにより地代家賃を支払った場合は、翌年以降の期間に対応する部分は前払地代家賃として資産に計上することになりますので、必要経費に算入できません。ただし、未経過部分が1年以内に到来するのであれば、継続（毎年）して支払時に必要経費に算入することができます。なお、契約上の支払期限がすでに到来しているものについては未払計上できます。

⑬　**減価償却費**

138ページでも説明したように、固定資産を取得した場合には、取得時に一括的に費用計上するのではなく、減価償却費として、耐用年数に亘り費用計上することになります。

⑭　**リース料**

昨今では、固定資産の購入をせずに、リース会社に対してリース料を支払って固定資産を使用する取引が行われています。この際に支払うリース料（賃借料）も必要経費となります。

第5章 ● 決算と青色申告決算書作成の仕方　201

妻と2人でデザイン事務所をやっていますが、家族旅行やスポーツクラブの会費、映画鑑賞は、福利厚生費として処理できるのでしょうか。

仕事に関連するものでなければ、必要経費扱いにはできません。

　事業主や経営者に対しては、福利厚生という考え方はありません。したがって、事業主とその家族の慰安のための支出は、原則的には福利厚生費とはなりません。さらに言うと、福利厚生費で処理できるのは、従業員全員参加の慰安旅行など、従業員全体に対して平等に支出されたものということになります。従業員全員を連れて行った慰安旅行や映画鑑賞の費用については、福利厚生費として処理をすることができます。主催者である事業主も同行するのが自然ですので、この場合は事業主の分も福利厚生費として処理をして差し支えありません。

　従業員が複数いる中で、特定の人にのみ何らかの利益を与えたという場合には、福利厚生費として見るのは難しいといえます。経費ではありますが、従業員への「給与」として取り扱います。給与の場合には源泉所得税の計算に注意しましょう。たとえば、それが食事や住宅などの現物給与として支給をした場合には、「厚生労働大臣が定める現物給与の価額」（厚生労働省告示）により都道府県ごとに定めた額に基づいて金額換算して源泉所得税を計算します。また、それ以外のものを支給する場合には、原則として時価で換算して源泉所得税を計算します。

　それでは、たとえば従業員を雇っておらず、一人で仕事をして

いる場合はどうでしょうか。1年間仕事を頑張った自分へのご褒美として、年末に一人で旅行に行ったとします。確かに職場の人員は事業主であるその人のみですから、職場全体で旅行に行ったという見方もあるかもしれませんが、これは福利厚生費とはなりません。事業主のために支出したものであるからです。映画鑑賞やレジャー施設の利用料の場合でも同じことです。

スポーツクラブの会費の取扱いについてですが、プロスポーツ選手などではない限り、経費とするのは難しいといえるでしょう。ただし法人の場合、法人会員として入会し、従業員全員がいつでも利用できるのであれば、福利厚生費としての処理が可能です。

旅行やスポーツクラブ、映画鑑賞のようないわゆる遊びのための支出については、取扱いが微妙になってきます。強引な内容であれば認められない場合もあるため、取扱いには注意が必要です。

●**仕事に関連があれば経費である**

事業主が支出した映画鑑賞や旅行の費用について、福利厚生費では処理できないということですが、経費として落とすことができる場合があります。それは仕事に関連している場合です。

本ケースの場合であれば、たとえばデザインの勉強のためなど、仕事を目的とする旅行や映画鑑賞であれば立派な経費です。仕事であることを証明するために、企画書や報告書などを作成し、記録を残しておくことが重要です。形式は、レポート用紙やパソコンなどで作成した簡単なものでかまいません。たとえば内容が一目でわかるようなタイトルをつけておき、「日時」「場所」「内容」などを記録しておけば十分でしょう。

また、たとえ情報収集などの名目を立てたところで、風俗店における遊興費などは、経費としてふさわしいとはいえません。常識の範囲内での処理をこころがけるようにするべきです。

第5章 ● 決算と青色申告決算書作成の仕方　203

Question 10 福利厚生費はどこまで入るのでしょうか。仕事を手伝っている妻と従業員抜きで食事に行ったようなものも福利厚生費にあたるのでしょうか。

 従業員全員に共通する一定のルールに基づいた支出であれば、福利厚生費として認められます。

　福利厚生費とは、従業員の慰安、医療、衛生、保険などのために事業主が支出した費用です。ポイントは、社員に対しておおむね一律に提供されたものだということです。つまり、飲食であれば従業員全員を対象としたもの、従業員とその家族に対する冠婚葬祭の祝金や香典であれば、従業員全員に共通する一定のルールに基づいた金額を、福利厚生費として取り扱うことになります。また、通常は事業主とその家族に対する支出は、福利厚生費には含まれません。

　質問の場合、妻が仕事を手伝っているということで業務上という見方もあるかもしれませんが、従業員抜きでの食事ですので、これは福利厚生費ではなく家計費だといえるでしょう。夫婦で事業を営んでいるような場合で、たとえば残業時の夜食代など、常識の範囲内のものについては、福利厚生費となるケースも考えられます。

　個人事業者とその妻との食事代が経費になるかどうかという観点で見た場合、判断の基準は、その食事が仕事上のものであるかどうかです。業務上妻が同行する必要がある食事会であれば、福利厚生費に限らず経費で落とすことができます。

個人事業主の場合、交際費に上限がないと聞いたのですが、節税目的で有効に活用できるのでしょうか。

業務に関連する支出でなければ必要経費にはできません。

交際費とは、得意先や仕入先などの事業関係者に対して、接待、供応、慰安、贈答等の行為をするために支出する費用です。法人の場合は、損金の額に算入できる交際費は厳しく決められています。たとえば、中小法人等の場合では年間800万円までの交際費と、交際費のうち接待飲食費の50%までのいずれか有利なほうを損金算入できるものとされています。

個人事業主の交際費については、法人のような金額や数値に基づく上限は設けられていませんが、所得税法上、必要経費に含めることができる金額は、総収入金額に対応する売上原価や、その他総収入金額を獲得するために直接必要となった費用およびその年に発生した販売費、一般管理費、その他の業務上の費用（償却費以外の費用については、12月31日現在で債務が確定しているもの）と定められています。この定義に当てはまる交際費であれば、金額の上限なく売上から控除することができます。

一方で、業務に必要であるとはいえない交際費を必要経費に含めることはできません。交際費が家事と事業の両方に関わる費用（家事関連費）に該当する場合は、その費用が業務の遂行上必要であること、その必要である部分を明らかに区分できること、を立証できなければ、必要経費に含めることはできません。

青色専従者給与、給料賃金についての内訳表を作成する際のポイントを教えてください。

経費帳の合計額と内訳表の合計額を一致させる必要があります。

　通常、帳簿の専従者給与や給料賃金といった科目について支給人別に記帳することはないので、青色申告決算書の内訳表は賃金台帳や源泉徴収簿から転記することになります。そして、内訳表の合計額が損益計算書のそれぞれの科目の金額と一致します。転記の手順としては、源泉徴収簿の「総支給金額」で給与と賞与の額を確認します。給与と賞与の額の合計金額を青色申告決算書の2ページ目の「給料賃金の内訳」「専従者給与の内訳」に転記します。次に源泉徴収税額は源泉徴収簿の「年調年税額」から転記します。最後に合計額を計算します。

　なお、経費帳の「給料賃金」と「専従者給与」の年間合計を計算して、青色申告決算書の給料賃金の内訳の合計額との一致を確認します。本来、経費帳にも源泉徴収簿にも同額が記載されますので一致するはずですが、次のような場合には不一致になります。
・経費帳に記載したが源泉徴収簿の作成を忘れている場合（パートタイム労働者などの源泉徴収簿を作成し忘れるなどの場合）。
・経費帳に源泉所得税差引後の金額で計上した場合（現金出納帳や預金出納帳に給与額などを記帳する場合、いったん全額を支払い、同時に源泉所得税を預かるようにすべきです）。

■ 給料賃金の源泉徴収簿から決算書への転記 ……………………

令和5年分 退職所得控除に対する源泉徴収簿

区分	支給月日	総支給金額	社会保険料等の控除額	社会保険料等控除後の給与等の金額	算出税額	年末調整による過不足税額	差引徴収税額
給料手当等	1 31	300,000		300,000	8,030		8,030
	2 28	300,000		300,000	8,030		8,030
	3 31	300,000		300,000	8,030		8,030
	4 30	300,000		300,000	8,030		8,030
	5 31	300,000		300,000	8,030		8,030
	6 30	300,000		300,000	8,030		8,030
	7 31	300,000		300,000	8,030		8,030
	8 31	300,000		300,000	8,030		8,030
	9 30	300,000		300,000	8,030		8,030
	10 31	300,000		300,000	8,030		8,030
	11 30	300,000		300,000	8,030		8,030
	12 31	300,000		300,000	8,030	41,940	49,970
計		360,0000			96,360		
賞与等	7 10	600,000		600,000	税率6% 36,000		36,000
	12 10	600,000		600,000	税率6% 36,000		36,000
計		1,200,000			72,000		

給料・手当等 3,600,000 96,360
賞 与 等 1,200,000 72,000
計 4,800,000 168,360
賞与所得控除後の給与等の金額 3,300,000
生命保険料の控除額 100,000
地震保険料の控除額
配偶者特別控除額 380,000
760,000
1,240,000
差引課税給与所得金額 2,060,000 206,000
（特定増改築等）住宅借入金等特別控除額
年調所得税額 206,000
年調年税額 210,300
差引超過額又は不足額 不足額 41,940
本年最後の給与から徴収する金額 41,940

■ 令和 05 年分 FA0208

氏名 ○○○○

○月別売上（収入）金額及び仕入金額

月	売上（収入）金額	仕入金額
1	5,703,050	3,533,800
2	4,869,480	2,827,800
3	7,750,100	4,830,500
4	6,863,790	4,118,200
5	7,227,800	4,532,800
6	8,527,300	5,235,050
7	6,305,100	3,985,360
8	6,385,200	3,832,500
9	5,835,800	3,503,000
10	6,358,500	3,995,800
11	4,895,200	3,013,500
12	9,835,800	6,034,580
家事消費等	386500	
雑収入	735000	
計	81678620	49442890

○給料賃金の内訳

氏名	年齢	従事月数	給料賃金	賞与	合計	所得税及び復興特別所得税の源泉徴収税額
□□□□	35	12	3,600,000	1,200,000	4,800,000	210,300
その他（ 人分）						
計 延べ従事月数		12	3,600,000	1,200,000	4,800,000	210300

○専従者給与の内訳

氏名	年齢	従事月数	給料	賞与	合計	所得税及び復興特別所得税の源泉徴収税額
○○△△ 妻	39	12	4,200,000	1,400,000	5,600,000	289,600
計 延べ従事月数		12	4,200,000	1,400,000	5,600,000	289600

○貸倒引当金繰入額の計算

	金額
個別評価による本年分繰入額 ①	
一括評価による本年分繰入額（×5.5%） ②	
本年分繰入額（①＋②） ③	
本年分貸倒引当金繰入額 ④	
本年分の貸倒引当金繰入額（③＋④） ⑤	

○青色申告特別控除額の計算

	金額
本年分の不動産所得の金額（青色申告特別控除前の金額） ⑥	
青色申告特別控除前の所得金額 ⑦	9,495,279
65万円の青色申告特別控除を受ける場合 青色申告特別控除額 ⑧	650,000
上記以外の場合 青色申告特別控除額 ⑨	

－2－

第5章 ● 決算と青色申告決算書作成の仕方 207

家事用支出と事業用支出はどのように区別したらよいのでしょうか。

合理的な基準で区別します。

　支出した費用を必要経費として計上するためには事業との関連性がなければなりません。経費の支出をしたとしても、それが、まったくの家事用の支出であれば必要経費とすることはできません。また、家事用と事業用の費用を共通して支出している場合には合理的な基準で区分することが必要です。

　家事用経費と事業用経費を区分する場合の合理的な基準の例としては、次ページ図のようになっています。

●共通経費の会計処理の方法

　共通経費の会計処理の方法は一般的に次の２つのいずれかの方法によります。
① いったん全額を経費処理し、年末に合理的な基準により家事用と事業用を区分し、家事用を除外する方法
② 発生時には経費処理をせず年末に事業用部分を区分して追加計上する方法

　どちらの方法を採用してもよいのですが、②の方法で処理した場合は年末に経費計上することを忘れる危険性があります。そこで、事業用の預金通帳を開設し、電話料や電気代などの共通経費は開設した通帳から引き落すこととし、家事分を年末に除外する①の方法によって処理するほうがよいでしょう。その場合の会計

208

処理は、必要経費を減らして同額を事業主貸勘定に振り替えます。

　では、具体的な数字を使って仕訳の例を見てみましょう。

　1年間で使用した通信費が、事業用と家事用をあわせて60万円であった場合を考えてみます。このうちの20%分が家事用として使用した通信費です。

　①の方法による場合は、通信費が発生した時点でそのすべてをいったん経費に計上します。そのため、年末までには60万円の通信費が計上されていることになります。そして、年末に家事用の通信費（60万円×20％＝12万円）を除外する仕訳を計上します。年末の仕訳は以下のようになります。

　（借方）**事業主貸　120,000**　／　（貸方）**通信費　120,000**

　また、簡易帳簿の経費帳の除外方法は下図のようにします。

　続いて、②の方法によった場合の仕訳を見てみましょう。この方法を採用した場合は、年末まで通信費が計上されないことにな

■ 経費の按分基準 ･･････････････････････････････････････

固定資産税	使用割合（面積比）
自動車税、重量税、取得税	使用割合
電気料	使用割合、点灯時間など
電話料	使用割合
修繕費	使用割合など
火災保険料	面積比など
車両保険料	使用割合など
ガソリン代など	使用割合
地代家賃	面積比など
減価償却費	使用割合、面積比など

第5章 ● 決算と青色申告決算書作成の仕方　209

ります。そのため、年末において事業用の通信費を認識して、仕訳に計上します。事業用の通信費は、60万円×（100％－20％）＝48万円です。年末に計上する仕訳は以下のようになります。

（借方）通信費　480,000　／　（貸方）事業主借　480,000

　この場合は、前年度の決算修正仕訳を参照し、前年と同様の項目が追加計上されているかを確認し、計上もれのないように注意します。

■ 家事用支出を必要経費に算入する基準

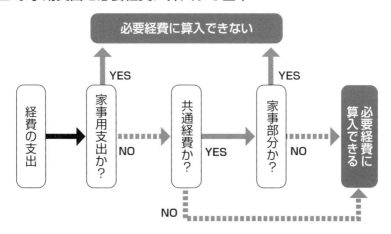

■ 簡易帳簿上の通信費の除外例

月　日	摘　要	金　額
	計	600,000
12/31	電話料20%を家事用として振替	△120,000
	合　計	480,000

※この480,000円が損益計算書の通信費に転記されることになる

個人事業主がマイカーを仕事で使用した場合、ガソリン代や自動車保険などの費用はすべて経費になると考えてよいでしょうか。

運行記録等をとって、事業割合に基づき経費の按分計算を行う必要があります。

　自動車を使用するとさまざまな費用がかかります。これらについて、事業の経費として計上できるかどうかは、その費用が事業にとって必要な支出であるかという点から判断します。

　個人事業主が、マイカーを複数台所有していて、そのうちの1台を仕事にのみ使用しているといった場合には、そのマイカーにかかる費用のすべてを経費にすることができます。一方、1台を事業にもプライベートにも使用している（兼用している）という場合には、その使用時間や使用頻度などから、事業に使用している割合（事業割合）の按分計算をする必要があります。

　事業割合の計算方法は、個人事業主の責任において事業の実態に見合うように計算をすることになります。また、税務署から聞かれたときに備え、計算の根拠や証拠を残しておくことが重要です。具体的には、一定期間の運行記録をとり、「1か月の平均走行距離が1000km、事業で使用した際の平均走行距離が700km」という場合は、「事業割合を7割とする」という計算方法が一般的です。事業割合を計算すると、自動車を使用する上でかかった諸費用にその事業割合を掛けたものを経費として計上できます。ただし、いったん決めた按分計算をそのままずっと使い続けるだけではなく、必要に応じて按分方法を修正していくことも重要です。

固定資産台帳の記帳の仕方を教えてください。

年末の各固定資産の帳簿残高や年間の減価償却費の計上がわかるように記帳する必要があります。

　固定資産は、売上（収益）獲得のために1年を超えた長期にわたり使用する資産です。固定資産には建物、機械装置、車輌運搬具、工具器具備品などがあります。

　固定資産は、取得時に一括して必要経費に算入することはできません。「減価償却」の手続きによって、あらかじめ定められた耐用年数に応じて分割した金額を毎年必要経費に計上します。固定資産は、取得した年だけでなく、その後の年の減価償却費の計算や除却または売却するまでの間継続して管理しなければなりません。そのため、通常は固定資産台帳に1件ごとの固定資産の「名称」「取得年月日」「取得価額」「耐用年数」「各年の減価償却費」「未償却残高」を記帳し、管理します。

　固定資産台帳の内容を青色申告決算書の3ページ目の「減価償却費の明細」に転記することになります。

●固定資産の管理方法

　固定資産の管理方法について、①取得時の管理、②保有期間中の管理、③年末の管理の3つの段階に分けて確認しておきましょう。

① 取得時の管理

　固定資産は、購入を決定して性能や価格の比較検討をしてから

実際の購入が実行されます。固定資産の管理は、取得したときから始まります。購入後、請求書や見積書などによって、まず、固定資産に計上すべきか固定資産から除外できるものではないかを検討しましょう。たとえば、車両を購入した場合、自動車取得税や重量税などは固定資産とせず、取得時の必要経費に計上してもよいことになっています。自動車取得税や重量税などの費用は領収書だけでは判別不可能な場合もありますので、見積書なども参考にして判断することになります。

② **保有期間中の管理**

固定資産は、保有期間中は、いつでも使用できる状態に維持しておくことが大切です。また、そのために必要な修繕や保守をほどこしておくことが必要です。火災などのリスクに対処するため、適切な保険をかけることも必要です。

③ **年末の管理**

年末には、固定資産台帳をもとに固定資産一覧表を作成し、現物との照合を実施します。帳簿には載っているが現物がないものや、逆に現物はあるが帳簿に記載されていないものがないかを確認します。現物がない場合は、他の場所に異動したことも考えられますので、もう一度確認します。どうしても見あたらない場合や現物が実際は壊れており処分しなければならない場合は、その固定資産を帳簿上除却することになります。逆に帳簿に載っていない場合は、取得時の請求書などをもとに固定資産台帳を作成し、会計上の処理を現物に合致させなければなりません。

● **減価償却の方法**

減価償却の方法には、定額法と定率法があります（141ページ）。所得税法は原則として「定額法」を採用しています。なお、所得税法は法人税法とは異なり強制償却（償却可能額の範囲内で任意に償却額を決めることはできない）です。

第5章 ● 決算と青色申告決算書作成の仕方　213

■ 固定資産から青色申告決算書への転記 ……………………

> 乗用車の固定資産台帳から「減価償却の計算」に転記する例を示した。（パソコンの固定資産台帳は省略）

固定資産台帳

種類	車輌運搬具
構造	乗用車

取得年月日	令和4年10月31日	償却方式	定額
所在		償却率	0.167
耐用年数	6		

減価償却年分	数量又は面積	取得価額	(ロ)償却の基礎となる金額(イ×償却率)	(ハ)本年中の償却期間	(ニ)本年分の普通償却費(ロ×ハ)	割増(特別)償却費	(ヘ)本年分の償却費(ニ×ホ)	(ト)本年分の償却費合計(ホ+ヘ)	(チ)事業専用割合	(リ)本年分の必要経費算入額(ト×チ)	(ヌ)未償却残高(期末残高)	備考
1年	1	3,500,000	584,500	3/12月	146,125	0	146,125	146,125				
2年	1		584,500	12/12月	584,500	0	584,500	584,500	70%	409,150	2,769,375	
3年				—月				—		—		

○減価償却費の計算

減価償却資産の名称等(繰延資産を含む)	面積又は数量	取得年月	取得価額(イ)	償却の基礎となる金額(ロ)	償却方法	耐用年数	償却率	本年中の償却期間	本年分の普通償却費(ハ)	割増(特別)償却費	本年分の償却費合計	事業専用割合	本年分の必要経費算入額	未償却残高(期末残高)	摘要
乗用車	1台	R4.10	3,500,000	3,500,000	定額法	6	0.167	12/12	584,500		584,500	70.00	409,150	2,769,375	
パソコン	2台	R5.3	500,000	500,000	定額法	4	0.250	10/12	104,166		104,166	100.00	104,166	395,834	

 帳簿を締め切り集計するまでにはどんなことをしなければならないのでしょうか。

 簡易帳簿の場合には集計表を作成します。

　決算にあたって帳簿を締め切り、その金額（残高や取引高）を貸借対照表や損益計算書に転記すれば決算書は完成します。

　ただ、紙面で決算書を作成する場合には帳簿を締め切った後で誤りを発見した場合の修正は面倒なので、青色申告決算書控えをコピーし、締切前の金額を転記するようにします。次に「青色申告特別控除前の所得金額」が損益計算書、貸借対照表とも同一金額であることを確認します。所得金額が一致していれば、帳簿を締め切り、青色申告決算書の提出用と控用をそれぞれ作成します。

●各種集計表を活用しよう

　複式簿記では、元帳の残高を転記するだけですが、簡易帳簿の場合は、元帳がありませんので、各種集計表を活用して金額を確定します。集計表は年末に一括して作成するより、月次で作成しておくことが大切です。売掛帳は、取引先ごとに記帳されていますので、「月別掛売集計表」に売掛帳の当月売上高、当月受入高、月末残高を転記します。次に、当月売上高、当月受入高、月末残高を合計します（縦横の計算をして計算ミスがないことを確認する）。買掛帳の集計の仕方も売掛帳の集計方法と同じです。その他の損益については、「月別総括集計表（兼決算準備表）」（次ページ）を月次で作成するとよいでしょう。

第5章 ● 決算と青色申告決算書作成の仕方　215

■ 月別総括集計表

令和○○年　　月別総括集計表

科　目		月　別		12　月	合　計	決算修正	総合計
		1　月	2　月				
売上	売上（現金）	251,600	560,250	386,820	4,856,800		4,856,800
	売上（掛け）	4,849,220	6,002,398	7,488,250	75,018,700	1,258,000	76,276,700
	自家消費	15,250	18,000	25,250	212,560	150,000	362,560
	その他の収入		4,200	6,920	182,560		182,560
	計（日）	5,116,070	6,584,848	7,907,240	80,270,620	1,408,000	81,678,620
仕入	仕入（現金）		25,000	38,700	149,892		149,892
	仕入（掛け）	3,601,438	4,675,120	4,915,980	49,003,998	289,000	49,292,998
	外注加工費						
	計（月）	3,601,438	4,700,120	4,954,680	49,153,890	289,000	49,442,890
販売費および一般管理費	広告宣伝費	38,000	69,000	71,000	650,000		650,000
	荷造運賃						
	給料手当	200,000	200,000	200,000	4,000,000		4,000,000
	賞与			400,000	800,000		800,000
	福利厚生費	65,220	99,810	125,980	935,860		935,860
	保険料	20,000	20,000	20,000	253,800		253,800
	消耗品費	68,025	104,590	182,356	1,112,900	125,600	1,238,500
	旅費交通費	48,200	28,910	36,900	352,274		352,274
	租税公課		52,000	48,000	746,000	580,000	1,326,000
	接待交際費	38,469	49,925	89,720	682,300		682,300
	減価償却費	40,000	40,000	40,000	459,780	15,000	474,780
	通信費	91,250	109,840	118,620	957,967	21,000	978,967
	水道光熱費	85,250	115,680	102,580	1,433,910	25,890	1,459,800
	修繕費		84,000	10,500	185,000		185,000
	地代家賃	300,000	300,000	300,000	3,600,000		3,600,000
	雑費	10,000		18,050	53,850		53,850
	支払利息	54,250	51,200	48,900	600,000		600,000
	専従者給与	300,000	300,000	900,000	5,600,000		5,600,000
	計（火）	1,358,664	1,624,955	2,712,606	22,423,641	767,490	23,191,131
経費計（水＝（月）＋（火））		4,960,102	6,325,075	7,667,286	71,577,531	1,056,490	72,634,021

	1　月	2　月	12　月	合　計	決算修正	総合計
期首棚卸高					2,060,120	2,060,120
当期仕入高						49,442,890
期末棚卸高					2,495,800	2,495,800
売上原価						49,007,210
売上総利益	1,514,632	1,884,728	2,952,560	31,116,730	1,554,680	32,671,410
利益	155,968	259,773	239,954	8,693,089	787,190	9,480,279
青色申告控除後						8,830,279

決算準備表の作成方法について教えてください。

科目内訳表を作成して残高を確認します。

　手書きで帳簿を作成し、決算を行う場合は、青色申告決算書の2、3ページに重要科目の内訳表がありますのでそれを有効に活用します。
　ただ、貸借対照表の明細表は用意されていませんので、科目内訳書を作成して残高を確認します。

●科目内訳書の作成と内容の検証
　複式簿記の場合、総勘定元帳とは別に重要な科目についてその増減や残高を明細に把握するために補助簿を記入します。たとえば、①預金勘定の明細として預金出納帳、②売掛金勘定の明細として売掛帳、③買掛金勘定の明細として買掛帳などを作成します。
　補助簿は総勘定元帳と同じデータから作成しますので、通常は総勘定元帳と残高の合計が一致します。しかし、転記もれなどによって一致していない場合もあります。決算の際には、総勘定元帳と補助簿の整合性を確認しなければなりません。
　まず、補助簿から科目内訳書を作成します。そして、関係する証拠資料と照合し、補助簿の記入の妥当性を検証します。代表的な証拠資料としては、次ページ図のようなものがあります。

●決算修正仕訳一覧表の作成
　決算修正仕訳はある程度定型化されています。また、仕訳もれ

を防ぐためにも次のような「決算修正一覧表」を作成しておくと
毎年利用することができるため便利です。

■ 科目内訳書

科目内訳書

科　目	明細／内容	金　額
普通預金	○○銀行△支店	100,000
普通預金	□□銀行▽支店	200,000
	合　計	300,000

■ 勘定科目の証拠資料

勘定科目	証拠資料
預金	預金通帳・証書、当座照合表、残高証明書
受取手形	手形現物、手形取立帳、手形割引計算書
売掛金	請求書控え、納品書控え
棚卸資産	棚卸表
支払手形	手形控え
買掛金	納品書、請求書
借入金	借入金明細書、返済予定表

■ 決算修正一覧表

内容	借方	貸方	金額
貸倒引当金の繰入	貸倒引当金繰入	貸倒引当金	−
貸倒引当金の戻入	貸倒引当金	貸倒引当金戻入	−
期首棚卸高の振替	期首棚卸高	商品	2,060,120
期末棚卸高の振替	商品	期末棚卸高	2,495,800
減価償却費の計上	減価償却費	建物	−
減価償却費の計上	減価償却費	車輌運搬具	10,000
減価償却費の計上	減価償却費	工事器具備品	5,000
家事分の振替	事業主貸		−

※商品や減価償却費は、決算書の数字をもとに金額欄を例示している

 **貸借対照表の作成ポイントを教えてください。**

 借方の合計と貸方の合計は一致しなければなりません。

貸借対照表は以下の手順で総勘定元帳から記入します。

手順1　期首の元入金を確定する

期首残高は、前年末の数字を転記します。事業主貸と事業主借は1月1日に元入金に振り替えますので、次の金額を期首の元入金とします。

期首元入金＝前年末元入金＋前年青色申告特別控除前の所得金額＋前年事業主借－前年事業主貸

手順2　期首棚卸高と期末棚卸高の金額を転記する

前年末の棚卸資産の金額は原則として、青色申告決算書の損益計算書（197ページ）の期首商品棚卸高に一致します。同様に、当年末の棚卸資産の金額は期末商品棚卸高に一致します。

手順3　その他の残高を転記する

建物、建物付属設備などの固定資産は、青色申告決算書3ページ目の「減価償却費の計算」の未償却残高に一致します。青色申告特別控除前の所得金額は決算書の損益計算書の所得金額と一致します。期首の元入金の金額は年末の元入金の金額と同じ額になります。また、次の帳簿などから残高を転記します。

① 現　金　… 現金出納帳
② 預　金　… 預金出納帳または通帳、証書

③　売掛金 … 売掛帳

④　買掛金 … 買掛帳

⑤　借入金 … 借入金返済予定表など

⑥　固定資産 … 固定資産台帳

●「資産の部」と「負債・資本の部」の合計の一致を確認する

　各種帳簿から貸借対照表への転記が終了したら、①〜③の手順で金額の一致を確認します。

① 「資産の部」の合計金額を算出する

　「資産の部」の合計金額を計算します。

② 損益計算書の「青色申告特別控除前の所得金額」を転記する

　「負債・資本の部」の「青色申告特別控除前の所得金額」欄に転記します。

③ 負債・資本の部の合計金額を算出する

　貸借対照表の貸借は一致します。

●貸借が一致しなかったらどうする

　損益計算書と貸借対照表の「青色申告特別控除前の所得金額」が一致しない場合は帳簿の正確性を疑ってみるべきです。特に簡易帳簿を複式簿記の補完として使用している場合においては、簡易帳簿自体に転記ミスを自動的に発見したり防止する機能はないため、帳簿の相互関連性（たとえば、現金出納帳の経費の出金は経費の支払として経費帳に記載されるはず）を一つひとつの取引ごとにチェックしなければなりません。一般に取引の少ない個人事業とはいえ、1年間まとめてチェックするのは時間がかかりすぎます。そのため、毎月月次の決算を行い、そのつど、一致していることを確認するようにします。また、月次決算を行えば、前月までの損益の状況など、経営上有益な情報を入手することもできるのです。

■ 青色申告書の貸借対照表サンプル

（単位：円）

貸　借　対　照　表（令和5年12月31日現在）

（資産の部）

科　目	1月1日（期首）	12月31日（期末）
現　金	99,662	185,300
当座預金		
定期預金		
その他の預金	1,000,000	1,500,000
受取手形		
売掛金	17,050,380	21,456,820
有価証券	6,796,515	8,352,800
棚卸資産	2,060,120	2,495,800
前払金		
貸付金		
建物		
建物附属設備		
機械装置	3,369,275	2,836,375
車両運搬具		
工具器具備品		401,250
土地		
事業主貸		4,697,256
合　計	30,375,952	41,925,601

（負債・資本の部）

科　目	1月1日（期首）	12月31日（期末）
支払手形		
買掛金	4,063,210	6,034,580
借入金	20,000,000	20,000,000
未払金		
前受金		
預り金	287,000	385,000
貸倒引当金		
事業主借		6,025,742
元入金	6,025,742	6,025,742
青色申告特別控除前の所得金額		9,480,279
合　計	30,375,952	41,925,601

(注) [元入金] は、期首の資産の総額から、期首の負債の総額を差し引いて計算します。

製造原価の計算（原価計算を行っていない人は、記入する必要はありません。）

項　目	金　額
原材料費　期首原材料棚卸高	①
原材料仕入高	②
小計（①＋②）	③
期末原材料棚卸高	④
差引原材料費（③－④）	⑤
労務費	⑥
外注工賃	⑦
電力費	⑧
水道光熱費	⑨
修繕費	⑩
減価償却費	⑪
経費	⑫
小計（⑦～⑫）	⑬
総製造費（⑤＋⑥＋⑬）	㉑
期首半製品・仕掛品棚卸高	㉒
小計（㉑＋㉒）	㉓
期末半製品・仕掛品棚卸高	㉔
製品製造原価（㉓－㉔）	㉕

(注) ㉕欄の金額を、1ページの「損益計算書」の③欄に移記してください。

Column

事業所得と雑所得の区分

　「事業所得」と「業務に係る雑所得」は、いずれも業務によって得られた収入金額から必要経費を差し引いて所得が算定されるという点で共通します。しかし、事業所得は雑所得にはない多くのメリットがあります。具体的には、①事業所得に赤字が発生した場合には、他の所得と通算することで税金を軽減できる（損益通算）、②青色申告特別控除により最大65万円を所得から控除できる、③損益通算では控除しきれなかった損失を翌年以降の3年間の所得から控除できる（繰越控除）、④家族などの一定の者に対して支払った給与を必要経費にできる（青色事業専従者給与）、などがあります。

　ただし、事業所得と認められるには、その所得を得るための活動が、社会通念上事業と称するレベルで行われている必要があります。つまり、事業性（ある程度の売上規模があるか）、反復継続性（継続的に行われているか）、営利性（一定の儲けが得られる活動か）、リスク（自らの計算と危険において行われているか）、などを総合的に勘案し、これらを満たしていれば事業所得になり、そうでなければ雑所得になります。ただ、これらは抽象的な側面も多いため、事業所得か雑所得かの実務上の判断が難しい場面も出てきます。

　そこで、令和4年10月に国税庁により、各税務署員等に対する税務実務上の法令解釈指針である所得税基本通達が改正され、例年（おおむね3年程度の期間）、300万円以下で主たる収入に対する割合が10%未満の場合は雑所得として考えるという、一定の基準が設けられました。ただし、300万円超であったり、収入に対する割合が10%以上の場合であっても、その所得に関する取引を帳簿に記録し帳簿書類の保存がない場合や、その所得が例年赤字でそれを黒字にするための営業活動等をしていなければ、事業所得とは認められなくなります。このように、客観的な数値が織り込まれたことで、従来よりも事業所得と雑所得の区分がわかりやすくなったといえます。

第6章

開業するときの
手続きと書式

開業するときの税金関係の届出

個人で開業する場合の届出

開業する場合には、届出が必要です。

・個人事業の開廃業等届出書

新たに事業開始する場合、事業を始めることを知らせるために、管轄の税務署へ「個人事業の開廃業等届出書」を提出する必要があります。提出期限は事業を開始した日から1か月以内です。

なお、従業員を雇用する場合は、「給与等の支払の状況」欄に、人数や支払方法、源泉徴収の有無を忘れずに記入しましょう。

・青色事業専従者給与に関する届出書

青色申告の承認を受ければ、家族従業員（専従者）に給与を支払うこともできます。その場合、「青色事業専従者給与に関する届出書」を、経費に算入しようとする年の3月15日までに提出します。ただし1月16日以後に開業した場合は、開業の日から2か月以内に提出する事になります。届出の範囲内の額に限り、支払った給与が必要経費として認められます。

・所得税の棚卸資産の評価方法・減価償却資産の償却方法の届出書

棚卸資産の評価額の計算や減価償却の計算については、特に届出をしなかった場合、税法で定められた計算方法を採用しなければなりません。たとえば減価償却（138ページ）では、所得税における法定償却方法は旧定額法または定額法ですが、定率法による届出を行うことにより、早く費用に変えることができ、一般的には納税者に有利になります。これらの届出は、届け出た計算方法を採用する年の確定申告の期限までに提出します。

・所得税の青色申告承認申請書

青色申告を行う場合、「青色申告承認申請書」の提出が必要で

す。最初に青色申告をしようとする年の3月15日までに管轄の税務署に申請しなければなりません。ただし1月16日以後に開業した場合は、開業の日から2か月以内に提出する事になっています。

・**事業開始等申告書**

　個人事業を開業した場合には個人事業税などの支払いが必要になるため、個人事業を開始したことを地方自治体に申告します。東京都23区の場合、事業所を設けた日から15日以内に、都税事務所に「事業開始等申告書」を提出します。

従業員を雇用する場合

　新たに従業員を雇用して給料を支払う場合、1か月以内に「給与支払事務所等の開設届出書」を所轄税務署に提出する手続きが必要です。個人事業者の場合、開廃業等届出書に従業員に関する記入欄が設けられているため、この届出書の提出は通常では不要です。ただし提出を求められる場合もありますので事前に確認しておくとよいでしょう。また、開業時には事業主1人で活動しており、事業が軌道に乗ってから事務員を雇うケースなど、開業と従業員の雇用の時期が異なる場合は、個人事業の開廃業等届出書に「給与等の支払状況」を記載していないため、給与支払事務所等の開設届出書の提出が必要となります。

　源泉徴収（従業員の税金を給料から天引きして納めること）した所得税は、基本的にその徴収の日の属する月の翌月10日までに、つまり毎月国に納付しなければなりません。しかし、給与の支給人員が常時10人未満の場合には、特例により、半年分をまとめて納付する方法が認められています。この特例を受けようとする場合には「源泉徴収の納期の特例の承認に関する申請書」を提出します。

第6章 ● 開業するときの手続きと書式　225

青色申告承認申請書の提出

　青色申告を適用するにはあらかじめ、青色申告承認申請書（232ページ）を税務署に提出する必要があります。申請書を記入する際には以下の点に注意しましょう。

① 住所（納税地）

　住所（納税地）は通常、住民票のある住所地ですが、他に事業所を設けている場合にはその事業所の所在地を納税地とすることもできます。

　納税地とは別に、「事業所又は所得の起因となる資産の名称及びその所在地」欄にも、事業所の所在地等を記入します。

② 所得の種類など

　所得の種類や、今までの青色申告の取りやめの有無、相続による事業承継の場合の記入事項など、該当する内容をそれぞれ記入します。

③ 簿記方式（書式の「6　その他参考事項（1）」参照）

　申請書の「簿記方式」の欄は、該当箇所を○で囲みます。複式簿記とは、仕訳帳・総勘定元帳を備える簿記方式で、1つの取引を2つの側面から記帳しますので、転記もれなどを防止することができます。

　これに対して、簡易簿記とは、現金出納帳や経費帳などの一定の帳簿を備える簿記方式で、複式簿記のように2つの側面から記帳しないので、転記の誤りを発見することが困難です。しかし、複式簿記と比べて記帳が簡略化されていますので、初心者には向いているといえます。

④ 備付帳簿名（書式の「6　その他参考事項（2）」参照）

　現金出納帳や売掛帳、総勘定元帳、振替伝票など、帳簿名が列挙しています。青色申告を行うために備え付ける帳簿名に○印をつけます。

その他の届出

その他、消費税の課税事業者となる場合には、「課税事業者選択届出書」の届出を行い、さらに適格請求書（インボイス）の発行ができるようにするために「適格請求書発行事業者の登録申請書」（169～170ページ）で申請を行う必要があります。

ただし、登録日が令和5年10月1日から令和11年9月30日までの日の属する課税期間中である場合は、課税事業者選択届出書を提出しなくても登録申請書のみを提出することで登録を受けることができます。

■ 個人が新たに事業をはじめた時の申告所得税についての届出…

税目	届出書	内容	提出期限
申告所得税	個人事業の開廃業等届出書	事業の開廃業や事務所等の移転があった場合	事業開始等の日から1か月以内
	所得税の青色申告承認申請書	青色申告の承認を受ける場合（青色申告の場合には各種の特典がある）	承認を受けようとする年の3月15日まで（その年の1月16日以後に開業した場合には、開業の日から2か月以内）
	青色事業専従者給与に関する届出書	青色事業専従者給与を必要経費に算入する場合	青色事業専従者給与額を必要経費に算入しようとする年の3月15日まで（その年の1月16日以後開業した場合や新たに事業専従者を使いだした場合には、その日から2か月以内）
	所得税の棚卸資産の評価方法・減価償却資産の償却方法の届出書	棚卸資産の評価方法および減価償却資産の償却方法を選定する場合	開業した日の属する年分の確定申告期限まで

第6章 ● 開業するときの手続きと書式　227

書式 個人事業の開廃業等届出書

個人事業の開業・廃業等届出書 　　　　　　　　　　　　　　　　1040

税務署受付印

税務署長: 大田
提出日: 6年4月10日提出

納税地	○住所地・○居所地・●事業所等（該当するものを選択してください。） （〒144-○○○○） 東京都大田区××××○-○-○　（TEL 03-××××-××××）
上記以外の住所地・事業所等	納税地以外に住所地・事業所等がある場合は記載します。 （〒　－　）　（TEL　－　－　）
フリガナ	ニシグチ　ユキオ
氏名	西口 幸雄
生年月日	○大正 ●昭和 ○平成 ○令和　55年3月1日生
個人番号	×××× ×××× ××××
職業	不動産業
フリガナ	ニシホーム
屋号	西ホーム

個人事業の開廃業等について次のとおり届けます。

届出の区分	●開業（事業の引継ぎを受けた場合は、受けた先の住所・氏名を記載します。） 住所 東京都大田区××××○-○-○　氏名 西口 幸雄 事務所・事業所の（○新設・○増設・○移転・○廃止） ○廃業（事由） （事業の引継ぎ（譲渡）による場合は、引き継いだ（譲渡した）先の住所・氏名を記載します。） 住所　　　　　　　　　　　　　氏名
所得の種類	○不動産所得・○山林所得・●事業（農業）所得〔廃業の場合……○全部・○一部（　　　）〕
開業・廃業等日	開業や廃業、事務所・事業所の新増設等のあった日　令和6年4月3日
事業所等を新増設、移転、廃止した場合	新増設、移転後の所在地　　　　　（電話） 移転・廃止前の所在地
廃業の事由が法人の設立に伴うものである場合	設立法人名　　　　　　代表者名 法人納税地　　　　　　設立登記　　　年　月　日
開業・廃業に伴う届出書の提出の有無	「青色申告承認申請書」又は「青色申告の取りやめ届出書」　●有・○無 消費税に関する「課税事業者選択届出書」又は「事業廃止届出書」　●有・○無
事業の概要 できるだけ具体的に記載します。	賃貸不動産の仲介

給与等の支払の状況	区分	従事員数	給与の定め方	税額の有無	その他参考事項
	専従者	1人	月給	●有・○無	
	使用人	1	日給	●有・○無	
	計			○有・○無	

源泉所得税の納期の特例の承認に関する申請書の提出の有無	●有・○無	給与支払を開始する年月日	令和6年4月25日

関与税理士　　　　（TEL　－　－　）

税務署整理欄	整理番号	関係部門連絡	A	B	C	番号確認	身元確認
							□済 □未済
	源泉用紙交付	通信日付印の年月日	確認印	確認書類 個人番号カード／通知カード・運転免許証 その他（　　　　）

228

書式　青色事業専従者給与に関する届出書

税務署受付印

青色事業専従者給与に関する　●届　出　書
　　　　　　　　　　　　　　　○変更届出

| 1 | 1 | 2 | 0 |

大田 税務署長

6 年 4 月 10 日提出

納　税　地	○住所地・○居所地・●事業所等（該当するものを選択してください。） （〒 144 - ○○○○） **東京都大田区××××○－○－○** （TEL　03 - ××× - ××××）
上記以外の 住所地・ 事業所等	納税地以外に住所地・事業所等がある場合は記載します。 （〒　-　） （TEL　-　-　）
フリガナ 氏　名	ニシグチ　ユキオ **西口 幸雄**	生年月日	○大正 ●昭和 ○平成 ○令和 55 年 3 月 1 日生
職　業	**不動産業**	フリガナ 屋号	ニシホーム **西ホーム**

令和 6 年 4 月以後の青色事業専従者給与の支給に関しては次のとおり ●定　め　た
○変更することとした
ので届けます。

1 青色事業専従者給与（裏面の書き方をお読みください。）

	専従者の氏名	続柄	年齢 経験 年数	仕事の内容・ 従事の程度	資格等	給　料		賞　与		昇給の基準
						支給期	金額（月額）	支給期	支給の基準（金額）	
1	西口京子	妻	40歳 0年	記帳業務、販売事務 毎日5時間従事	簿記 3級	毎月 25日	200,000 円	6月 12月	1.5か月分 1.5か月分	使用人の昇給 基準と同じ
2										
3										

2 その他参考事項（他の職業の併有等）

3 変更理由（変更届出書を提出する場合、その理由を具体的に記載します。）

4 使用人の給与（この欄は、この届出（変更）書の提出日の現況で記載します。）

	使用人の氏名	性別	年齢 経験 年数	仕事の内容・ 従事の程度	資格等	給　料		賞　与		昇給の基準
						支給期	金額（月額）	支給期	支給の基準（金額）	
1	東田紀子	女	25歳 0年	営業、販売事務 毎日6時間従事		毎月 25日	240,000 円	6月 12月	1.5か月分 1.5か月分	毎年おおむね 5％
2										
3										
4										

※ 別に給与規程を定めているときは、その写しを添付してください。

関与税理士 （TEL　-　-　）	税務署整理欄	整理番号 0	関係部門 連絡	A	B	C
		通信日付印の年月日 年　月　日	確認印			

第6章 ● 開業するときの手続きと書式　229

書式　給与支払事務所等の開設届出書

給与支払事務所等の○開設・移転・廃止届出書

※整理番号

令和 6 年 4 月 10 日

大田 税務署長殿

所得税法第230条の規定により次のとおり届け出ます。

事務所開設者
- 住所又は本店所在地：〒144-○○○○　東京都大田区××××○-○-○　電話（03）××××-××××
- （フリガナ）ニシホーム
- 氏名又は名称：西ホーム
- 個人番号又は法人番号：×××××××××××××
- （フリガナ）ニシグチ　ユキオ
- 代表者氏名：西口　幸雄

（注）「住所又は本店所在地」欄については、個人の方については申告所得税の納税地、法人については本店所在地（外国法人の場合には国内の本店所在地）を記載してください。

○開設・移転・廃止年月日　平成・○令和　6 年 4 月 3 日　　給与支払を開始する年月日　平成・○令和　6 年 4 月 25 日

○届出の内容及び理由
（該当する事項のチェック欄□に✓印を付してください。）

区分	内容	「給与支払事務所等について」欄の記載事項
		開設・異動前 / 異動後
開設	✓ 開業又は法人の設立 □ 上記以外 ※本店所在地等とは別の所在地に支店等を開設した場合	開設した支店等の所在地
移転	□ 所在地の移転	移転前の所在地 / 移転後の所在地
	□ 既存の給与支払事務所等への引継ぎ （理由）□ 法人の合併　□ 法人の分割　□ 支店等の閉鎖 □ その他（　　）	引継ぎをする前の給与支払事務所等 / 引継先の給与支払事務所等
廃止	□ 廃業又は清算結了　□ 休業	
その他	（　　　　　）	異動前の事項 / 異動後の事項

○給与支払事務所等について

	開設・異動前	異動後
（フリガナ）氏名又は名称		
住所又は所在地	〒　電話（　）－	〒　電話（　）－
（フリガナ）責任者氏名		

従事者数　役員　　人　従業員　　人　（専従者）1 人　（使用人）1 人　（　　）　人　計 2 人
（その他参考事項）

税理士署名押印

※税務署処理欄：部門／決算期／業種番号／入力／名簿等／用紙交付／通信日付印／年月日／確認印／番号確認／身元確認 □済 □未済／確認書類 個人番号カード／通知カード・運転免許証　その他

規格 A4

01.06 改正

🖊 書式　事業開始等申告書

第32号様式(甲)(条例第26条関係)

事業開始等申告書（個人事業税）

（受付印）

		新（変更後）	旧（変更前）
事務所（事業所）	所 在 地	東京都大田区×××× ○−○−○ 電話 03（××××）××××	電話　　（　　　）
	名称・屋号	西ホーム	
	事業の種類	不動産業	

事業主住所が事務所（事業所）所在地と同じ場合は、下欄に「同上」と記載する。
なお、異なる場合で、事務所（事業所）所在地を所得税の納税地とする旨の書類を税務署長に提出する場合は、事務所（事業所）所在地欄に○印を付する。

事業主	住 所	東京都大田区×××× ○−○−○ 電話 03（××××）××××	電話　　（　　　）
	フリガナ	ニシグチ　ユキオ	
	氏 名	西口 幸雄	

開始・廃止・変更等の年月日	令和6年 4月 3日	事由等	開始・廃止・※法人設立 その他（　　　　　）

※法人設立	所 在 地		法人名称	
	法人設立年月日	年　　月　　日（既設・予定）	電話番号	

東京都都税条例第26条の規定に基づき、上記のとおり申告します。

令和6年 4月10日

氏名　西口 幸雄

大田　　都税事務所長　殿
　　　　支　庁　長

（日本工業規格A列4番）

備考　この様式は、個人の事業税の納税義務者が条例第26条に規定する申告をする場合に用いること。

（都・個）

第6章 ● 開業するときの手続きと書式　**231**

✐ 書式　青色申告承認申請書

税務署受付印

1 0 9 0

所得税の青色申告承認申請書

____大田____ 税務署長

_6_ 年 _4_ 月 _10_ 日提出

納税地	○住所地・○居所地・●事業所等（該当するものを選択してください。） （〒 144 - 0000） **東京都大田区×××× ○－○－○** （TEL 03 - ×××× - ××××）
上記以外の 住 所 地 ・ 事 業 所 等	納税地以外に住所地・事業所等がある場合は記載します。 （〒　　－　　） （TEL　　－　　－　　）

	フリガナ	ニシグチ　ユキオ	生年月日	○大正 ●昭和 55 年 3 月 1 日生 ○平成 ○令和
	氏　名	**西 口 幸 雄**		
	職　業	**不動産業**	フリガナ	ニシホーム
			屋　号	**西ホーム**

令和 _6_ 年分以後の所得税の申告は、青色申告書によりたいので申請します。

1 事業所又は所得の基因となる資産の名称及びその所在地（事業所又は資産の異なるごとに記載します。）

名称 ____西ホーム____ 所在地 ____東京都大田区×××× ○－○－○____

名称 _____ 所在地 _____

2 所得の種類（該当する事項を選択してください。）

●事業所得　・○不動産所得　・○山林所得

3 いままでに青色申告承認の取消しを受けたこと又は取りやめをしたことの有無

(1) ○有（○取消し・○取りやめ）　___年___月___日　(2) ●無

4 本年1月16日以後新たに業務を開始した場合、その開始した年月日 **令和 6 年 4 月 3 日**

5 相続による事業承継の有無

(1) ○有　相続開始年月日　___年___月___日　被相続人の氏名_____　(2) ●無

6 その他参考事項

(1) 簿記方式（青色申告のための簿記の方法のうち、該当するものを選択してください。）

　●複式簿記・○簡易簿記・○その他（　　　　　　　）

(2) 備付帳簿名（青色申告のため備付ける帳簿名を選択してください。）

　●現金出納帳・●売掛帳・●買掛帳・○経費帳・○固定資産台帳・●預金出納帳・○手形記入帳
　○債権債務記入帳・●総勘定元帳・●仕訳帳・○入金伝票・○出金伝票・○振替伝票・○現金式簡易帳簿・○その他

(3) その他

関与税理士 （TEL　　－　　－　　）	税務署整理欄	整 理 番 号		関係部門連絡	A	B	C
		0					
		通 信 日 付 印 の 年 月 日		確認印			
		年　　月　　日					

事務所を移転するときの税金関係の届出

提出しなければならない書類

　ここでは、個人事業主が事務所を移転する場合に必要になる届出について見ていきましょう。

① 　所得税・消費税の納税地の異動又は変更に関する届出書／個人事業の開業・廃業等届出書

　個人事業主が、所得税の納税地としている事務所や住まいを引っ越した場合には、移転前の住所の所轄税務署に対し、「所得税・消費税の納税地の異動又は変更に関する届出書」を、移転後に「遅滞なく」提出しなければなりません。

　この届出書は、所得税と消費税の両方を兼ねた様式となっていますので、届け出る税目以外の不要な税目は削除して提出します。提出方法はe-Taxでの提出の他、持参または送付でも可能となっており、持参の場合は本人確認書類の提示、送付の場合は本人確認書類の写しを添付する必要があります。なお、振替納税を利用している場合を除き、移転後の住所の所轄税務署に対する届出は不要です。

　また、事務所を移転しても納税地が変わらない場合は、「所得税・消費税の納税地の異動に関する届出書」を提出する必要はありません。ただし、確定申告書類の届け先等が変わるため、「個人事業の開業・廃業等届出書」によって住所変更の旨を届け出る必要があります。「届出の区分」を「事務所・事業所の移転」とし（チェックを入れる）、所轄税務署に提出しましょう。

② 　給与支払事務所等の変更届出書

　従業員を雇っており、開業当初などに「給与支払事務所等の開設届出書」を提出している場合には、事務所を移転した日から1

第6章 ● 開業するときの手続きと書式　　233

か月以内に、「給与支払事務所等の変更届出書」を管轄の税務署宛に提出します。

③ 事業開始等申告書

個人で事業を営む場合、事業所等のある都道府県から、個人事業税が課税されます。したがって事務所を移転した場合、都道府県税事務所にも届出を行う必要があります。具体的には、所轄の都税事務所に対して、移転から10日以内に「事業開始等申告書（個人事業税）」を提出します。添付書類は特に必要ありません。

また、たとえば都内から他県へ移転する場合には、都税事務所には「事業所の廃止」、移転先の県税事務所には「事業所の開始」として届け出ます。

地方自治体へ提出する書類については、提出期限や申請書の様式が自治体により異なります。予め所轄の都道府県税事務所などへ確認しておくようにしましょう。

青色申告の場合はどうなる

移転前の税務署から青色申告の承認を受けている場合ですが、移転により青色申告に関する特別な手続きを行う必要はありません。「青色申告承認申請書」を一度提出しているのであれば、「青色申告の取りやめ届出書」を提出しない限り、移転後の所轄税務署においても、引き続き青色申告者ということになります。青色申告者には、所得の特別控除や青色事業専従者給与の経費算入、損失の繰り越しなどの特典があり、納税者に有利な制度だといえます。

個人事業主を廃業するときの手続き

必要な届出

個人事業主が廃業する場合には、以下の各種の届出書を提出します。これらの書類には添付書類は特に必要ありません。提出期限についてはそれぞれ異なりますので注意が必要です。

なお、所在地の管轄の都道府県や市町村にも届出を行う必要があります。たとえば東京都の場合、廃止した日から10日以内に「事業開始等届出書」を管轄の都税事務所へ提出します。地方自治体により様式や提出期限、提出方法は異なる場合があります。都道府県や市役所のホームページなどで確認するとよいでしょう。

① 個人事業の廃業届出書

事業を廃止した事実のあった日から１か月以内に、管轄の税務署へ提出します。事業を譲渡した場合は、相手先の住所・氏名も記入します。

② 所得税の青色申告の取りやめ届出書

青色申告を行っていた場合には、「青色申告の取りやめ届出書」を提出します。取りやめようとする年の翌年３月15日までに、管轄の税務署へ提出します。確定申告書の提出期限と同じですから、廃業年度の確定申告書と一緒に提出するとよいでしょう。

③ 給与支払事務所等の廃止届出書

従業員を雇っており、「給与支払事務所等の開設届出書」を提出している場合には、廃業した日から１か月以内に、管轄の税務署宛に提出します。廃業した日を記入します。

④ 消費税についての事業廃止届出書

課税事業者が事業を廃止した場合、管轄の税務署に提出します。提出期限は「事由が生じた場合速やかに」となっています。事業

第6章 ● 開業するときの手続きと書式　235

を廃止した年月日を記入します。なお、「消費税課税事業者選択不適用届出書」「消費税課税期間特例選択不適用届出書」「消費税簡易課税制度選択不適用届出書」「任意の中間申告書を提出することの取りやめ届出書」などの届出に、廃業する旨を記載して提出している場合には、この届出書を提出する必要はありません。

確定申告や事業税の見込み控除、廃業後の弁済義務について

　個人事業主は毎年1月から12月までを1つの事業年度として確定申告しなければなりませんが、廃業した事業年度についても同様です。申告する内容も通常の確定申告と同様です。ただし、廃業はしたものの債務の弁済等の清算が12月までに完了せず、翌年にも経費が発生してしまうことがあります。その場合であっても、12月までの時点でいったん確定申告をします。そして翌年に清算が完了し、発生経費が確定した時点で、確定申告をやり直します。これを更正の請求といい、更正の請求によって廃業した事業年度の確定申告時に払い過ぎていた税金分を還付してもらうことになります。

　個人事業税については翌年の経費として処理するため、廃業した事業年度に対する事業税も翌年に納付します。しかし、廃業した翌年にはこの事業税を差し引くべき収入が生じないため、見込み控除というしくみを使って、廃業した事業年度の経費として収入から差し引きます。

　個人事業主は廃業した後も、債務に未払部分があれば、個人としてその弁済義務を負い続けます。事業が立ち行かなくなってしまうまでには、個人が事業主貸という形で事業資金を捻出していることもあるでしょうし、廃業後に個人として債務を弁済する余力はないかもしれません。そうなってしまうと、自己破産を申請するしか手立てが残らなくなってしまうので、やむを得ず廃業するにしても、ある程度計画性を持って廃業手続きを進めるべきでしょう。

236

第7章

確定申告のしくみと
申告書の書き方

確定申告のしくみと手続き

どんな制度なのか

　確定申告とは、所得税などを納税者が自ら計算して税額を確定し、税務署に申告することをいいます。

　所得税の確定申告は、毎年２月16日から３月15日の１か月間に所轄の税務署に対して行います。対象になるのは、前年の１月１日から12月31日までの１年間のすべての所得です。１年間の所得は、確定申告によって確定し、そこから算出される所得税額を納付することになります。ただし、源泉徴収によって収入から所得税が天引きされている場合や、予定納税としてあらかじめ所得税を納付している場合があり、そうした場合には、確定した所得税額と納付済みの金額の差額を納付することになります。なお、納付済みの金額のほうが多い場合には、還付を受けることができます。

申告書の作成に必要な書類を集める

　申告書の作成に必要な書類は以下の通りです。

① 　青色申告決算書（青色申告の場合）・収支内訳書（白色申告の場合）

　青色申告をする場合は青色申告決算書を、白色申告の場合には収支内訳書を準備します。青色申告決算書には一般用（通常の事業の場合）・農業所得用・不動産所得用・現金主義用（所得額が少なく、現金のみの取引が多い場合）の４種類があるので、自分の事業や収支の状況に合わせた決算書を準備する必要があります。

② 　所得控除・税額控除を証明する書類

　一定の額を超える医療費を支払ったため、医療費控除を受ける場合は、医療費の支出を証明する領収書などを準備します。また、

238

国民年金の保険料や国民年金基金の掛金は社会保険料控除の対象になるため、社会保険料控除証明書を準備します。その他、所得控除（生命保険料控除・地震保険料控除・小規模企業共済等掛金控除など）や、税額控除（住宅借入金等特別控除など）にはさまざまな種類があり、これらの控除を受ける場合には、要件に該当することを証明する書類をそれぞれ準備する必要があります。

③ 支払調書や源泉徴収票

弁護士報酬、作家の原稿料、講演料など、個人に対する一定の報酬については源泉徴収が行われるため、報酬から源泉徴収されたことを証明する支払調書を準備します。また、給与所得がある場合には給与所得の源泉徴収票、公的年金等の雑所得がある場合は公的年金等の源泉徴収票、退職所得がある場合は退職所得の源泉徴収票を準備します。

■ 確定申告の流れ

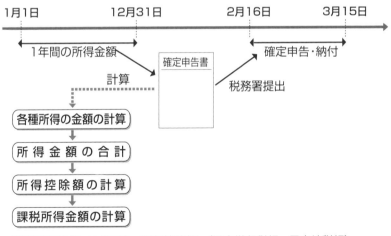

申告納税額の計算の手順

所得税の計算方法

　まず、申告の対象となる1年間の収入金額を計算します。収入とは、商品や製品の売上高や提供したサービスに応じた売上のことです。

　次に同じように必要経費の金額を計算します。必要経費とは収入を得るためにかかった経費のことです。たとえば、商品や材料の仕入代金、商品や製品の運搬にかかった運賃やガソリン代など、さまざまな費用が必要経費になります。

　収入から必要経費を差し引いた金額を「所得」といいます。所得税は、この所得を基準にして計算を開始することになります。

　所得税の具体的な計算方法について、順を追って説明すると以下のようになります。

① 総所得金額を求める

　所得の種類は、利子所得・配当所得・事業所得・不動産所得・給与所得・退職所得・譲渡所得・山林所得・一時所得・雑所得の10種類に分類されます。その10種類に分類された所得は、それぞれの所得について、収入金額から差し引く必要経費の範囲や特別控除などが決められていますので、それに従ってそれぞれの所得金額を計算します。

② 所得控除額を計算する

　各人の個人的事情などを考慮して設けられている所得控除額を計算します。災害により資産に損害を受けた場合の「雑損控除」、多額の医療費の支出があった場合の「医療費控除」、配偶者や扶養親族がいる場合の「配偶者控除」や「扶養控除」、そして「基礎控除」など、10種類以上の所得控除が設けられています。

③ 課税所得金額を求める

所得金額から所得控除額を差し引いて課税所得金額（1,000円未満切捨）を求めます。

■ 所得税の速算表 ･･･

課税される所得金額	税率	控除額
① 195万円以下	5%	0円
② 195万円を超え　330万円以下	10%	97,500円
③ 330万円を超え　695万円以下	20%	427,500円
④ 695万円を超え　900万円以下	23%	636,000円
⑤ 900万円を超え　1,800万円以下	33%	1,536,000円
⑥ 1,800万円超え　4,000万円以下	40%	2,796,000円
⑦ 4,000万円超	45%	4,796,000円

（注）たとえば「課税される所得金額」が700万円の場合には、求める税額は次のようになります。

700万円×0.23－63万6,000円＝97万4,000円

■ 所得税額の計算方法 ･･

利子所得	収入金額＝所得金額
配当所得	収入金額－元本取得に要した負債の利子
不動産所得	収入金額－必要経費
事業所得	収入金額－必要経費
給与所得	収入金額－給与所得控除額－ 特定支出[1]のうち給与所得控除額の2分の1を超える金額
退職所得	（収入金額－退職所得控除額）×$\frac{1}{2}$ [2]
山林所得	収入金額－必要経費－特別控除額（50万円）
譲渡所得	収入金額－（資産の取得費＋譲渡費用）－特別控除額
一時所得	収入金額－その収入を得るために支出した金額－特別控除額（50万円）
雑　所　得	公的年金等…収入金額－公的年金等控除額 業務に関するものおよびそれ以外…収入金額－必要経費

※1 「特定支出」とは、会社員が職務を遂行する上で必要と認められた一定の支出のこと（25ページ）。
※2 特定役員などの一定の場合の退職所得は、「退職所得＝退職金－退職所得控除額」となり1/2を乗じない。
　　また、特定役員等でなくても、勤続年数が5年以下の短期退職金について300万円を超える分に関しても、2分の1を乗じない。

④　所得税額を算出する

　課税所得金額に税率を掛けて所得税額を計算します。税率は、課税所得金額に応じて5％から45％の7段階に分かれています。平成25年1月から令和19年12月までの所得については、東日本大震災からの復興の施策を実施するために必要な財源の確保を目的として、復興特別所得税が課されることになっており、通常の所得税額の2.1％相当額が一律に加算されることになります。

　なお、10種類のすべての所得を合算してそれに基づいて5％〜45％の税率を掛けるわけではなく、分離課税といって他の所得を合算せずに独自の税率を掛けて税金を計算する場合があります。たとえば、不動産の譲渡所得はその不動産の所有期間によって15％または30％の税率（マイホームの軽減税率を受ける場合には、譲渡所得が6,000万円以下であれば税率10％などもある）、株式の譲渡所得は20％の税率となります。

⑤　所得税額から税額控除額を差し引く

　税額控除には、配当控除や住宅ローン控除などがあります。配当控除とは、配当を受け取った場合や収益を分配された場合に一定の方法により計算した金額を控除するものです。また、ローンを組んで住宅を購入した場合には、ローン残高に応じて一定の金額を控除できます。

⑥　源泉徴収税額や予定納税額を差し引く

　税額控除後の所得税額（年税額）から源泉徴収された税額や前もって納付している予定納税額があるときは差し引いて精算します。これで最終的に納める所得税額（100円未満切捨）または還付される所得税額が算出されます。

申告書の書き方と提出方法

申告書作成のポイント

　所得税に関する確定申告書は、所得金額から最終的に納付する税額を算出する第一表と、第一表の詳細を記入する第二表で構成されています（その他、株式を譲渡した場合などに作成する第三表がある）。第二表の内容に基づいて第一表の額が計算されるため、第二表から取りかかると作成しやすいでしょう。準備した書類の該当部分を確認しながら、申告書の欄を1つずつ埋めていきます。

第二表の作成方法

　まず、第二表の該当する項目の欄にそれぞれ記入します。なお、該当しない項目については、空欄のままにします。

　「所得の内訳」は、源泉徴収が行われた収入がある場合に使用する欄です。支払調書や給与所得の源泉徴収票などを確認し、収入金額と源泉徴収税額を入れていきます。

　「事業専従者に関する事項」は、配偶者などを事業専従者にしている場合に使用する欄です。その際、専従者給与額が、青色申告決算書の専従者給与の内訳と一致することを確認します。

　「総合課税の譲渡所得、一時所得に関する事項」は、機械などの売却益、生命保険の一時金などがある場合に記入します。それぞれ、明細書などを確認し、収入金額・必要経費等・差引金額を埋めていきます。

　その他、所得控除を受ける場合に使用する欄として、社会保険料、生命保険料、地震保険料などの実際に支払った金額を記入する欄があります。ただし、第一表の「所得から差し引かれる金

第7章 ● 確定申告のしくみと申告書の書き方　243

額」の欄には、控除額として計算した金額を記入しますので、ここで支払金額から控除額を算出しておくと、後の作業が円滑に進みます。

「住民税・事業税に関する事項」は、住民税・事業税のうち、所得税と取扱いの異なる部分について記載する欄です。所得税の確定申告をすると、住民税や事業税の申告は原則不要になりますが、所得税の計算には関係しない事由が、住民税や事業税の計算においては必要になることがあります。たとえば、各種の寄附金などが記載され、住民税で一定の控除が行われます。

第一表の作成方法

第二表の完成後、次に第一表を作成します。第一表は、青色申

■ 第二表への転記

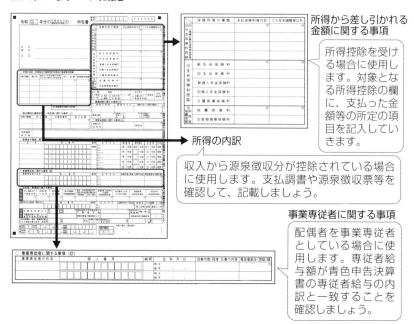

告決算書（白色申告の場合は収支内訳書）や第二表などから該当する数字を転記して作成します。

「収入金額等」には、1年間にどれだけの収入があったかを種類別に記入します。青色申告決算書（一般用）を準備した場合は、損益計算書の「売上（収入）金額」を、「事業（営業等）」の欄に転記します。その他に収入がある場合には、第二表の「所得の内訳」の「収入金額」等と照らし合わせて記入します。

「所得金額」は、収入から必要経費を差し引いた金額を、種類別に記入する欄です。青色申告決算書（一般用）の損益計算書の「所得金額」を「事業（営業等）」の欄に転記します。その他の所得がある場合には、源泉徴収票や支払通知書などから転記し、合計を記入します。

「所得から差し引かれる金額」とは、所得控除を受ける場合に記入する欄です。第二表を記入した際に計算しておいた各種の所得控除額を該当箇所に記入していきます。

基礎控除の記入後、最後に下の欄に合計を記入します。

■ 第一表への転記

第一表

「収入金額等」については、「事業」の欄には青色申告決算書の損益計算書「売上（収入）金額」を、その他の収入の欄には第二表の「所得の内訳」から転記します。

青色申告決算書

「所得金額」については、「事業」の欄には青色申告決算書の損益計算書「所得金額」を転記します。

第二表

第7章 ● 確定申告のしくみと申告書の書き方　245

「税金の計算」の欄には、所得控除後の課税される所得金額や、所得税の速算表から算出した所得税額を記入します。また、税額控除を受ける場合にはその控除額、源泉徴収されている場合にはその額などを記入し、最終的に納める税金または還付される税金の額を記入します。

なお、「その他」の欄には、専従者給与（控除）額の合計額や青色申告特別控除額など、所得金額の計算上重要な事項などを記入します。また、「延納の届出」は延納をする場合に、「還付される税金の受取場所」は還付を受ける場合に記入します。

申告書の提出と納付・還付の方法

確定申告書の完成後、添付書類をつけて申告書の提出をして、税額を納付します。申告書の提出方法は、税務署窓口への提出、郵送で送付、e-Taxによる電子申告の3つがあります。

また、納付は納付書によって税務署や金融機関で行います。納付の期限は、申告書の提出期限と同じく3月15日（3月15日が土日祝の場合はその翌日）です。ただし、振替納税（金融機関を利用して自動的に申告税額を納付する制度）を利用した場合、振替日は4月20日頃になります。延納の制度を利用し、所得税額の2分の1以上の金額を申告期限までに納付すると、残りの税額の納付期限を5月31日まで延長できます。期限までに申告・納付をしないときは、無申告加算税や延滞税といった罰金的な税金が課されますので、必ず期限までに申告・納付することが大切です。

一方、申告した所得税額が、納付済の額より少ない場合には、超過納付分の還付を受けることができます。還付は、指定した金融機関口座への振込で行われます。

所得控除

所得控除とは

　所得税では、労働者保護のための社会政策などを考慮して、以下の①〜⑭の14種類の所得控除が設けられています。

① 雑損控除とは

　災害や盗難、横領などによって、資産について損害を受けた場合に受けることができる一定の金額の所得控除のことです。控除の対象となるための要件としては、申告者または申告者と生計を一にする親族（家族など）で、総所得金額等が48万円以下である人が、災害・盗難・横領により、生活に通常必要な住宅、家具、衣類などの資産について損失を受けたことが挙げられます。

　控除額は、次の@と⑥のうち、多い金額が控除額となります。

@　差引損失額 − 総所得金額等 × 10%

⑥　差引損失額のうち災害関連支出の金額 − 5万円

② 医療費控除とは

　自分自身や家族のために医療費を支払った場合、一定の金額の所得控除を受けることができます（上限は200万円）。これを医療費控除といいます。医療費控除の対象となる医療費は、納税者が、自分自身または自分と生計を一にする家族のために支払った医療費でなければなりません。また、その年の12月31日までに実際に支払った医療費であることが条件です。対象となる医療費は、@医師、歯科医師に支払った診療代、⑥治療、療養のために薬局で買った医薬品代、ⓒ病院等に支払った入院費、ⓓ治療のためのあんま、はり、きゅうなどの施術費です。

　このような費用につき、年間に支払った医療費の総額（保険金等で補てんされる金額を除きます）から10万円（総所得金額等が

第7章 ● 確定申告のしくみと申告書の書き方　247

200万円未満の人は総所得金額等の5％）を差し引いた金額が医療費控除額になります。

　さらに、健康の保持増進や疾病の予防への取組みの一環として一定の健康診査や予防接種などを行っているときは、前述した医療費控除との選択により、特例として年間12,000円を超える特定一般用医薬品等購入費（ドラッグストアなどの市販薬など）を所得から控除（8万8,000円を限度）できるセルフメディケーション税制があります。

③　社会保険料控除とは

　納税者が、自分自身や納税者と生計を一にする配偶者やその他の親族の社会保険料を支払った場合や給与から天引きされた場合に適用される所得控除です。

　その年において支払った社会保険料の額と給与などから天引きされた社会保険料の額の全額が控除されます。

④　小規模企業共済等掛金控除とは

　小規模企業共済法が定めている共済契約の掛金や、確定拠出年

■ 地震保険料控除の金額 ……………………………………………

ⓐ 地震保険料

支払った地震保険料	控　除　額
50,000円以下	全額
50,000円超	50,000円

ⓑ 旧長期損害保険料

支払った損害保険料	控　除　額
10,000円以下	全額
10,000円超　20,000円以下	支払保険料×1/2＋5,000円
20,000円超	15,000円

地震保険料の控除額 ＋ 旧長期損害保険料の控除額 ＝ 地震保険料控除額（最高50,000円）

金法で定められている個人型年金の掛金、心身障害者扶養共済制度の掛金を支払った場合に適用を受けることができます。控除される金額は、納税者がその年に支払った掛金の全額となっています。

⑤　生命保険料控除とは

　一般の生命保険料、介護医療保険料、個人年金保険料を支払った場合に、一定の金額の所得控除を受けることができますが、これを生命保険料控除といいます。

　生命保険料控除の限度額は、ⓐ平成24年1月1日以後に締結した生命保険料（新契約）に関する控除、ⓑ平成23年12月31日以前に締結した生命保険料（旧契約）に関する控除、ⓒ新契約と旧契約の双方に加入している場合の控除、介護医療保険料、および個人年金保険料を合わせて最大12万円です。

⑥　地震保険料控除とは

　地震保険料控除は、居住用の家屋や生活用の動産について地震が原因で被る損害に備えて支払った保険料や掛金が対象になります。控除額は地震保険料について支払った金額すべてとなっていますが、上限は50,000円です。

■ 配偶者控除・扶養控除の額 ……………………………………………

区　　分 (注1)		控除額
配偶者控除	70歳未満　　（一般の控除対象配偶者）	38万円
	70歳以上　　（老人控除対象配偶者）	48万円
扶養控除	16歳以上19歳未満	38万円
	19歳以上23歳未満（特定扶養親族）	63万円
	23歳以上70歳未満	38万円
	70歳以上　　　　　　（老人扶養親族）	48万円
	同居老人扶養親族 (注2)　　の加算	58万円

(注)1　区分の欄に記載している年齢はその年の12月31日現在による。
　　2　同居老人扶養親族とは、老人扶養親族のうち納税者またはその配偶者の直系尊属で納税者またはその配偶者と常に同居している人をいう。

第7章 ● 確定申告のしくみと申告書の書き方　　249

⑦　寄附金控除とは

　国や地方公共団体、特定公益増進法人などに対し、特定寄附金を支出した場合に、受けることができる所得控除です。その年中に支出した特定寄付金の額が2,000円を超えた場合に寄附金控除の対象となります。控除額の金額は、次のⓐ、ⓑいずれか少ない方の金額から2,000円を差し引いた額が寄付金控除額となります。

ⓐ　その年に支払った特定寄付金の合計額

ⓑ　その年の総所得金額等の40％相当額

⑧　障害者控除とは

　納税者本人、または控除の対象となる配偶者や扶養親族が所得税法上の障害者（精神障害者保健福祉手帳の交付を受けている人など）に当てはまる場合に受けることのできる所得控除です。

　控除できる金額は障害者1人について27万円です。また、特別障害者に該当する場合は40万円になります。

⑨　寡婦控除・ひとり親控除

　申告者本人が、合計所得金額が500万円以下の寡婦あるいはひとり親である場合に適用され、次のⓐまたはⓑの金額が控除額になります。

ⓐ　ひとり親控除（男女問わず未婚のひとり親で、生計を一にする子がいる場合）：35万円

ⓑ　寡婦控除（ⓐ以外の女性で、夫と離婚後未婚で扶養親族がいる、または死別後未婚である場合）：27万円

⑩　勤労学生控除とは

　所得税法上の勤労学生に当てはまる場合に受けられる所得控除のことで、一律27万円です。

⑪　配偶者控除とは

　納税者に控除対象配偶者がいる場合には、一定の金額の所得控除が受けられます。これを配偶者控除といいます。

控除対象配偶者とは、納税者の配偶者でその納税者と生計を一にする者のうち、年間の合計所得金額が48万円以下である人のことです。配偶者控除額は原則38万円ですが、控除対象配偶者が70歳以上の場合、控除額が増額されます（48万円）。

　なお、納税者の合計所得金額が900万円以下の場合には、配偶者控除が受けられますが、900万円超の場合には段階的に控除額が引き下げられて、1,000万円超になると控除は受けられません。

⑫　配偶者特別控除

　配偶者の年間合計所得金額が48万円を上回ると、配偶者控除を受けることはできませんが、配偶者の所得金額の程度に応じて一定の金額の所得控除が受けられます。これを配偶者特別控除といいます。配偶者特別控除を受けるためには配偶者の合計所得金額が48万円超133万円以下であることが必要です。

⑬　扶養控除

　納税者に扶養親族がいる場合には、一定の金額の所得控除が受けられます。これを扶養控除といいます。扶養親族とは、納税者と生計を一にする配偶者以外の親族、養育を委託された児童、養護を委託された老人で所得金額の合計が38万円以下である人のことです。「生計を一にする」とは、必ずしも同一の家屋で起居し

■ **基礎控除の額** ……………………………………………………………

合計所得金額	基礎控除額
2,400万円以下（※）	48万円
2,400万円超2,450万円以下	32万円
2,450万円超2,500万円以下	16万円
2,500万円超	0円

※令和7年度税制改正大綱では、2,350万円以下の場合は58万円、2,350万円超2,400万円以下の場合は48万円となる予定

第7章 ● 確定申告のしくみと申告書の書き方　251

ていることを要件とするものではありませんから、たとえば、勤務、修学、療養等の都合上別居している場合であっても、余暇には起居をともにすることを常例としている場合（休暇の時には一緒に生活している場合など）や、常に生活費、学資金、医療費等を送金している場合には、「生計を一にする」ものとして取り扱われます。扶養控除の金額については下図の通りです。

⑭　**基礎控除**

　前ページの図の通り、所得金額が2,400万円以下の場合は48万円、2,400万円超の場合は所得金額に応じて32万円、16万円を所得金額から控除することができます。

　ただし、令和7年度税制改正大綱では、昨今の物価上昇に対応するために、令和7年以降においては、合計所得金額が2,350万円以下の場合の基礎控除額が、従来より10万円引き上げられる予定となっています。この引き上げに伴い、基礎控除額は次の通りになる見込みです。

・合計所得金額が2,350万円以下の場合は58万円
・合計所得金額が2,350万円超2,400万円以下の場合は48万円
・合計所得金額が2,400万円超2,450万円以下の場合は32万円
・合計所得金額が2,450万円超2,500万円以下の場合は16万円

⑮　**その他の控除**

　令和7年度税制改正大綱では、上記した控除の他に「特定親族特別控除（仮称）」を新たに設けられて、居住者が生計を一にする19歳以上23歳未満の親族（その居住者の配偶者及び青色事業専従者等を除き、合計所得金額が123万円以下の場合に限定）で控除対象扶養親族に該当しない場合には、最大で63万円の所得控除が受けられる予定です。

　具体的には、親族等の合計所得金額に応じて次の控除額が認められる見込みです。

・合計所得金額が58万円超85万円以下の場合は63万円
・合計所得金額が85万円超90万円以下の場合は61万円
・合計所得金額が90万円超95万円以下の場合は51万円
・合計所得金額が95万円超100万円以下の場合は41万円
・合計所得金額が100万円超105万円以下の場合は31万円
・合計所得金額が105万円超110万円以下の場合は21万円
・合計所得金額が110万円超115万円以下の場合は11万円
・合計所得金額が115万円超120万円以下の場合は 6 万円
・合計所得金額が120万円超123万円以下の場合は 3 万円

所得金額調整控除とは

　所得金額調整控除とは、給与等の収入が850万円超の納税者を対象に、税負担を少しでも抑えるために、次のいずれかに該当する場合には所得金額調整控除を受けることができます（子ども・特別障害者等を有する者等の所得金額調整控除）。
・納税者本人が特別障害者である
・特別障害者の同一生計配偶者または扶養親族がいる
・23歳未満の扶養親族がいる

　具体的には、年収が850万円を超えた額に10％を掛けた額（15万円が上限）の所得控除が受けられます。

　この控除は、夫婦ともに給与等の収入金額が850万円を超えており、夫婦の間に 1 人の年齢23歳未満の扶養親族である子がいるような場合でも、その夫婦いずれもこの控除の適用を受けることができます。つまり、同じ生計内の両者とも適用ができるということです。

　なお、この他に、給与所得と年金所得の双方を有する者に対する所得金額調整控除があります。

第 7 章 ● 確定申告のしくみと申告書の書き方　253

書式 所得税確定申告書B（第一表）

令和05年分の所得税及び復興特別所得税の申告書

FA2203

納税地 〒160-△△△△
現在の住所又は居所事業所等: 東京都新宿区新宿○-○-○
フリガナ: マルタニ タロウ
氏名: 丸谷太郎
個人番号（マイナンバー）: ××××××××××××
生年月日: 3 43.04.10
職業: ○○小売業
屋号・雅号: 丸谷商店
世帯主の氏名: 丸谷太郎
世帯主との続柄: 本人
電話番号（自宅）: 03-○○○○-○○○○

収入金額等（単位は円）

事業 営業等	㋐	28 350 400
事業 農業	㋑	
不動産	㋒	
配当	㋓	
給与	㋔	
雑 公的年金等	㋕	
雑 業務	㋖	
雑 その他	㋗	300 000
総合譲渡 短期	㋘	
総合譲渡 長期	㋙	
一時	㋚	

所得金額等

項目	番号	金額
事業 営業等	①	7 286 000
事業 農業	②	
不動産	③	
利子	④	
配当	⑤	
給与	⑥	
公的年金等	⑦	
業務	⑧	
その他	⑨	290 000
⑦から⑨までの計	⑩	290 000
総合譲渡・一時	⑪	
合計	⑫	7 576 000

所得から差し引かれる金額

項目	番号	金額
社会保険料控除	⑬	953 000
小規模企業共済等掛金控除	⑭	
生命保険料控除	⑮	39 375
地震保険料控除	⑯	
寡婦、ひとり親控除	⑰～⑱	0 000
勤労学生、障害者控除	⑲～⑳	0 000
配偶者（特別）控除	㉑～㉒	0 000
扶養控除	㉓	380 000
基礎控除	㉔	480 000
⑬から㉔までの計	㉕	
雑損控除	㉖	
医療費控除	㉗	25 000
寄附金控除	㉘	
合計	㉙	1 877 375

税金の計算

項目	番号	金額
課税される所得金額	㉚	5 698 000
上の㉚に対する税額	㉛	712 100
配当控除	㉜	
	㉝	
（特定増改築等）住宅借入金等特別控除	㉞	0 0
政党等寄附金等特別控除	㉟～㊲	
住宅耐震改修特別控除等	㊳～㊵	
差引所得税額	㊶	712 100
災害減免額	㊷	
再差引所得税額（基準所得税額）	㊸	712 100
復興特別所得税額（㊸×2.1%）	㊹	14 954
所得税及び復興特別所得税の額	㊺	727 054
外国税額控除等	㊻～㊼	
源泉徴収税額	㊽	30 630
申告納税額	㊾	696 424
予定納税額（第1期分・第2期分）	㊿	
第3期分の税額 納める税金	51	696 400
第3期分の税額 還付される税金	52	

修正申告

項目	番号	金額
修正前の第3期分の税額	53	
第3期分の税額の増加額	54	0 0

その他

項目	番号	金額
公的年金等以外の合計所得金額	55	1 500 000
配偶者の合計所得金額	56	650 000
専従者給与（控除）額の合計額	57	30 630
青色申告特別控除額	58	
雑所得・一時所得等の源泉徴収税額の合計額	59	
未納付の源泉徴収税額	60	
本年分で差し引く繰越損失額	61	
平均課税対象金額	62	
変動・臨時所得金額	63	

延納の届出

項目	番号	金額
申告期限までに納付する金額	64	0 0
延納届出額	65	000

第一表（令和五年分以降用）
㊹ ㊺・㊾ 51 又は 52 の記入をお忘れなく。

書式　所得税確定申告書B（第二表）

令和 **05** 年分の 所得税及び／復興特別所得税 の 申告書

整理番号 ［　　　　　　　　］　　FA2303

住所 東京都新宿区新宿○-○-○
屋号 丸谷商店
フリガナ マルタニ　タロウ
氏名 丸谷太郎

第二表（令和五年分以降用）○第二表は、第一表と一緒に提出してください。○国民年金保険料や生命保険料の支払証明書など申告書に添付しなければならない書類は添付書類台紙などに貼ってください

保険料等の種類・支払保険料等の計・うち年末調整等以外

	保険料等の種類	支払保険料等の計	うち年末調整等以外
⑬⑭ 社会保険料控除 小規模企業共済等掛金控除	国民年金	435,500 円	
	国民健康保険	517,500	
⑮ 生命保険料控除	新生命保険料	円	
	旧生命保険料		
	新個人年金保険料	57,500	
	旧個人年金保険料		
	介護医療保険料		
⑯ 地震保険料控除	地震保険料	円	
	旧長期損害保険料		

所得の内訳（所得税及び復興特別所得税の源泉徴収税額）

所得の種類	種目	給与などの支払者の「名称」及び「法人番号又は所在地」等	収入金額	源泉徴収税額
雑	原稿料	○○出版株式会社	300,000 円	30,630 円
㊽ 源泉徴収税額の合計額				30,630 円

本人に関する事項（⑰〜⑳）
寡婦／ひとり親／勤労学生／障害者／特別障害者
□死別 □生死不明 □離婚 □未帰還／□年調以外かつ 専修学校等

雑損控除に関する事項（㉖）

損害の原因	損害年月日	損害を受けた資産の種類など

損害金額	円	保険金などで補塡される金額	円	差引損失額のうち災害関連支出の金額	円

寄附金控除に関する事項（㉘）

寄附先の名称等		寄附金	円

総合課税の譲渡所得、一時所得に関する事項（⑪）

所得の種類	収入金額	必要経費等	差引金額
	円	円	円

特例適用条文等

配偶者や親族に関する事項（⑳〜㉓）

氏名	個人番号	続柄	生年月日	障害者	国外居住	住民税	その他
		配偶者	明・大 昭・平 ・ ・	障・特障	国外・年調	同一・別居	調整
			明・大 昭・平 ・ ・	障・特障	年調	16・別居	調整
			明・大 昭・平 ・ ・	障・特障	年調	16・別居	調整
			明・大 昭・平 ・ ・	障・特障	年調	16・別居	調整
			明・大 昭・平 ・ ・	障・特障	年調	16・別居	調整

事業専従者に関する事項（57）

事業専従者の氏名	個人番号	続柄	生年月日	従事月数・程度・仕事の内容	専従者給与（控除）額
丸谷 明子	××××××××××××	妻	明・大 昭・平 45・4・5	12月	1,500,000

住民税・事業税に関する事項

住民税	非上場株式の少額配当等	非居住者の特例	配当割額控除額	株式等譲渡所得割額控除額	給与、公的年金等以外の所得に係る住民税の徴収方法		都道府県、市区町村への寄附（特例控除対象）	共同募金、日赤その他の寄附	都道府県 条例指定寄附	市区町村 条例指定寄附
	円	円	円	円	特別徴収 / 自分で納付		円	円	円	円

退職所得のある配偶者・親族の氏名	個人番号	続柄	生年月日	退職所得を除く所得金額	障害者	その他 寡婦・ひとり親
			明・大 昭・平	円	障・特障	調整 寡婦・ひとり親

事業税	非課税所得など	番号	所得金額	損益通算の特例適用前の不動産所得	前年中の開（廃）業	開始・廃止 月日
	不動産所得から差し引いた青色申告特別控除額	円	事業用資産の譲渡損失など		他都道府県の事務所等	

上記の配偶者・親族・事業専従者のうち別居の者の氏名・住所

氏名	住所	国外	所得税で控除対象配偶者などとした専従者

税理士署名・電話番号 （　　　―　　　―　　　）

第7章 ● 確定申告のしくみと申告書の書き方　255

【監修者紹介】

武田　守（たけだ　まもる）

1974年生まれ。東京都出身。公認会計士・税理士。

慶應義塾大学卒業後、中央青山監査法人、太陽有限責任監査法人、上場会社勤務等を経て、武田守公認会計士・税理士事務所を開設。監査法人では金融商品取引法監査、会社法監査の他、株式上場準備会社向けのIPOコンサルティング業務、上場会社等では税金計算・申告実務に従事。会社の決算業務の流れを、監査などの会社外部の視点と、会社組織としての会社内部の視点という2つの側面から経験しているため、財務会計や税務に関する専門的なアドバイスだけでなく、これらを取り巻く決算体制の構築や経営管理のための実務に有用なサービスを提供している。

著作として『株式上場準備の実務』（中央経済社、共著）、『入門図解 会社の終わらせ方・譲り方【解散清算・事業承継・M＆A】の法律と手続き実践マニュアル』『図解で早わかり 会計の基本と実務』『個人開業・青色申告の基本と手続き 実践マニュアル』『図解で早わかり 会社の税金』『事業再編・M＆A【合併・会社分割・事業譲渡】の法律と手続き』『すぐに役立つ 相続登記・相続税・事業承継の法律と書式』『身内が亡くなったときの届出と法律手続き』『すぐに役立つ 空き家をめぐる法律と税金』『図解で早わかり 税金の基本と実務』『入門図解 電子帳簿保存法対応 経理の基本と実務マニュアル』『入門図解 法人税のしくみと法人税申告書の書き方』『小さな事業者【個人事業主・小規模企業】のための法律と税金 実務マニュアル』『法人税・消費税のしくみと申告書の書き方』（小社刊）などがある。

すぐに役立つ
最新　図解とQ＆Aでわかる
個人開業・青色申告のしくみと手続きマニュアル

2025年3月20日　第1刷発行

監修者	武田　守
発行者	前田俊秀
発行所	株式会社三修社
	〒150-0001　東京都渋谷区神宮前2-2-22
	TEL　03-3405-4511　FAX　03-3405-4522
	振替　00190-9-72758
	https://www.sanshusha.co.jp
印刷所	萩原印刷株式会社
製本所	牧製本印刷株式会社

©2025 M. Takeda Printed in Japan

ISBN978-4-384-04960-2 C2032

[JCOPY] 〈出版者著作権管理機構 委託出版物〉

本書の無断複製は著作権法上での例外を除き禁じられています。複製される場合は、そのつど事前に、出版者著作権管理機構（電話 03-5244-5088　FAX 03-5244-5089 e-mail: info@jcopy.or.jp）の許諾を得てください。